RADEK KNAPP

Von Zeitlupen-symphonien und Marzipan-tragödien

Notizen eines Möchtegern-Österreichers

Amalthea
Verlag

Gefördert von der Stadt Wien Kultur

Besuchen Sie uns im Internet unter: amalthea.at

Umschlaggestaltung und -abbildung: Nicolas Mahler
Lektorat: Madeleine Pichler
Herstellung und Satz: VerlagsService Dietmar Schmitz GmbH,
Heimstetten
Gesetzt aus der 11/14 pt Minion Pro
Designed in Austria, printed in the EU
ISBN 978-3-99050-181-8

Inhalt

»Das Leben ist eine Reise durch einen langen, dunklen Tunnel, an dessen Ende ein Antidepressivum oder das große Lachen wartet. Nach reiflicher Überlegung entschied ich mich für das Zweite.«

Der Autor

An alle Österreicher

Österreich hat es in der letzten Zeit nicht leicht. Nicht genug, dass es kürzlich von einem Virus biblischen Ausmaßes getroffen wurde, nicht genug, dass es unter einer undurchsichtigen Organisation namens EU stöhnt, es wird auch noch regelmäßig von Individuen heimgesucht, die alles, bloß keine österreichische Staatsbürgerschaft haben.

Einst waren es türkische Machos unter ihrem Anführer Kara Mustafa. Dann folgten slawische Vierkantschlüsselakrobaten, und neuerdings sind es Flüchtlinge, die durch ihre »Andersartigkeit« die heimische Identität noch gründlicher untergraben wollen, als es das iPhone ohnehin schon tut.

Wen wundert's also, dass die Österreicher scharenweise Seminare aufsuchen namens »Kochen Sie sich aus Ihrer eigenen Globalisierung heraus« oder langsam zu Vegetariern und Radfahrern mutieren. Spätestens da kommt die Frage auf, ob die Mitverursacher dieser unliebsamen Verwirrung den Österreichern hierbei nicht zur Hand gehen sollten.

Als eines dieser zweifelhaften Individuen möchte ich dieses Kunststück versuchen. Sowohl in meinem Namen wie auch dem anderer Fremdlinge, die dazu keine Gelegenheit bekamen. Und auch wenn es wahrscheinlich nicht ganz zu schaffen ist, so wäre schon viel gewonnen, dem einen oder anderen Österreicher sein eigenes Heim wieder so schmackhaft zu machen, wie es uns, den Fremden, erscheint. Während die

Skeptiker angesichts dieses mutigen Plans wahrscheinlich schon die Stirn runzeln und die Rechtsverliebten den Kopf schütteln, holt dieses Büchlein tief Atem und schreitet energisch zur Tat.

Zeitlupensymphonien
und Marzipantragödien

Meine Reise nach Österreich begann an einem lauen Abend in Warschau. Ich brütete gerade über der Landkarte Europas und überlegte, wohin ich reisen sollte. Ganz Polen war im Reisefieber. Meine Landsleute fuhren scharenweise nach Westeuropa, um zum ersten Mal echtes Geld zu verdienen oder gleich für immer im Paradies zu bleiben. Ich hatte meine eigenen Pläne. Ich war weder an Geld noch an der Emigration interessiert. Ich wollte den neuen Kontinent Westeuropa erforschen so wie einst Marco Polo China oder Amundsen den Südpol. Dafür brauchte ich erst mal ein großes Land und schwankte zwischen Frankreich und Deutschland. In Frankreich lebte schließlich der Held meiner Kindheit, d'Artagnan. Und meinem Landsmann Chopin gefiel es unter den Franzosen so gut, dass er dort sogar starb. Für Deutschland sprach die geografische Nähe und die Tatsache, dass dort eine Tante von mir lebte, was für einen Forscher, der kein Geld hatte, ein gewichtiges Argument war.

Während ich diese Probleme hin und her wälzte, kam mein Großvater mit seinem abendlichen Kräutertee herein. Er bemerkte die Europakarte auf dem Tisch und schätzte blitzschnell die Situation ein.

»Immer noch nichts gefunden?«, erkundigte er sich mit einem ironischen Lächeln.

»Ich bin nahe dran«, log ich. Das Letzte, was ich brauchen konnte, waren die Ratschläge eines Mannes, der vor dem Zweiten Weltkrieg zur Welt kam und sich von Kräutertee ernährte.

»Ich hätte einen Vorschlag, der deine Probleme mit einem Schlag löst«, sagte mein Großvater. »Schon mal was von Österreich gehört?«

»Österreich?«, staunte ich. »Und ob. Und zwar, dass dort nichts los ist.«

»Ganz im Gegenteil«, widersprach mein Großvater, »dort hat man die Psychoanalyse erfunden, um sich vom jahrhundertelangen Walzertanzen zu erholen. Und mit Schnee macht man dort mehr Geld als anderswo mit Erdöl. Ganz zu schweigen davon, dass dort der weltgrößte Komponist zur Welt kam«, er hob bedeutungsschwanger den Finger, »auch wenn in Amerika jeder Dritte immer noch glaubt, Mozart hätte unlängst eine olympische Medaille im Riesenslalom geholt.«

»Ich fürchte, ich habe kein Interesse am österreichischen Schnee oder an Mozart«, erwiderte ich höflich, »außerdem ist Österreich für das, was ich vorhabe, zu klein.«

»Wieder falsch«, widersprach mein Großvater und machte eine Handbewegung, als würde er etwas zusammenpressen, »würde man die österreichischen Berge platt drücken, wäre Österreich so groß wie Deutschland und Frankreich zusammengenommen. Außerdem misst man ein Land nicht in Metern. Die Österreicher schauen auch nicht dauernd nach links oder rechts, sondern graben in die Tiefe unter ihren Füßen. Sie haben die besten Katakomben, originelle Keller und überhaupt ist dort unterirdisch viel los.«

»Das hört sich nett an. Aber mich interessiert trotzdem, was so alles auf der Oberfläche los ist.«

»Dann zeige ich dir mal was.«

Mein Großvater suchte etwas auf der Europakarte und deutete auf etwas, das wie ein kleiner verschütteter Kaffeefleck aussah.

»Auf diesen sechs Quadratzentimetern leben zurzeit acht Millionen Leute, die ziemlich guter Laune sind. Hier gibt es genug Platz für Hunderte Städte, große Museen und ein Ding namens Riesenrad. Und obendrein noch für Tausende Kaffeehäuser und eine Menge Skilehrer.«

Mein Großvater hob wieder den Finger.

»Von Zeitlupensymphonien und Marzipantragödien ganz zu schweigen.«

»Und was soll das sein? Diese Zeitlupensymphonien und Marzipantragödien?«, machte ich mich über seine Begeisterung lustig. »Österreichische Kochrezepte?«

»Das könnte ich dir verraten. Aber muss ein Forscher so etwas nicht selber herausfinden?«

»Kommt nicht infrage«, machte ich reinen Tisch, »ich fahre nicht in ein Land, das die Form eines verschütteten Kaffeeflecks hat.

Mein Großvater ging wieder zur Tür: »Mach, was du willst. Es ist ja schließlich nicht wichtig, wohin du fährst, sondern wie viele Überraschungen man dir dort bereitet. Wobei Österreich dich diesbezüglich bestimmt ganz schön auf Trab halten würde.«

Er drehte sich ein letztes Mal um: »Aber eins rate ich dir. Wo immer du auch landest, kauf dir ein Heft und notier alles, was dir dort widerfährt. Auf Reisen funktioniert das Gedächtnis schlechter und die Uhren laufen viel schneller als zu Hause. Mit einem Kugelschreiber und einem Notizbuch kannst du beides in Schach halten.«

Er verließ das Zimmer und ich betrachtete noch einmal den kleinen, kläglichen Kaffeefleck auf der Europakarte. Ich schüttelte den Kopf über die Naivität meines Großvaters. Wie konnte er nur glauben, dass er mich dazu bringen würde, ein Land zu erforschen, das so klein war, dass sich nicht einmal das Wort »Österreich« darauf ausging? Und was bedeutete dieser Unsinn von Zeitlupensymphonien und Marzipantragödien?

Nein, nach Österreich würden mich keine zehn Pferde kriegen. Das war so sicher wie das Amen im polnischen Gebet. Ich machte das Licht aus und ging zu Bett. Erstaunlicherweise schlief ich zum ersten Mal seit Tagen gleich ein.

Zwei Wochen später stand ich auf einem Bahnhof in Wien. Und so hat alles begonnen.

Deutsch für Sture

Bevor mein Großvater mir Österreich aufgeschwatzt hat, wusste ich über dieses Land nur drei Dinge. Erstens, dass dort einmal ein gewisser Kaiser Franz Joseph so lange regiert hat, bis ihm derart exorbitante Bartkoteletten gewachsen waren, dass man sein Gesicht nicht mehr sah. Zweitens sollte dort ein Mann namens Niki Lauda schwere Millionen verdienen, weil er einmal pro Woche möglichst schnell im Kreis fuhr. Und drittens, dass man dort Deutsch sprach. Letzteres war an sich keine schlechte Nachricht für jemanden, der mit polnischen Kriegsfilmen aufgewachsen war, wo man immer wieder einen Satz auf Deutsch einstreute. Leider waren es hauptsächlich Sätze militärischer Natur wie »Heute erobern wir Stalingrad« oder »Nur über die Leiche unseres Generals«.

Also tauchte ich vor der Abfahrt sicherheitshalber noch in den großen Ozean deutscher Zivilausdrücke ein, um vor Ort nicht wie ein Militär oder ein Dummkopf dazustehen. Ich besorgte mir dazu das in Polen seinerzeit populäre DDR-Lehrbuch *Deutsch für Sture*.

Interessanterweise hatte mein Exemplar einen Druckfehler, wodurch man die Seite 1 mit der Seite 48 vertauscht hatte. So lernte ich nicht als Erstes »Ich heiße Franz und komme aus Rostock« oder »Ich bin Heike und esse gerne Erdbeereis«, sondern den rätselhaften Ausdruck »Ein Wasserrohrbruch kann sogar zwei Menschenleben kosten«, gefolgt von »Einem deutschen Klempner ist nichts zu schwer«.

Nicht nötig zu sagen, dass mir diese beiden Sätze später viel nützlicher waren als die Information über Heikes Eisvorlieben. Aber egal, welche Seite ich in *Deutsch für Sture* auch aufschlug, eines blieb immer gleich: Deutsch verschwendete überhaupt keine Zeit. Was immer man in dieser Sprache sagte, sie gab einem nicht nur das Gefühl, etwas gespart zu haben, sondern erinnerte einen auch daran: »Das Leben ist kurz, also fasse dich lieber kurz.« Ganz anders als das Polnische, wo bei jeder Bemerkung automatisch mitschwang: »Was ich jetzt sage, kann ich auch morgen sagen. Müssen wir eigentlich überhaupt darüber reden?«

Diese geradezu sadistische Sparsamkeit verzauberte mich. Hörte man einem Slawen eine halbe Stunde zu, musste man das Gehörte nachher wie einen Schwamm in der Hand zusammendrücken, um die Essenz herauszupressen. Drückte man das Deutsche zusammen, war es so, als würde man einen Stein zusammenpressen. Ein deutscher Satz war ein Satz, dem man nichts mehr hinzuzufügen brauchte.

Nachdem ich die erfrischende Sparsamkeit der deutschen Sprache verinnerlicht hatte, konnte ich es kaum erwarten, mein Wissen auszuprobieren. Sobald ich aber österreichischen Boden berührte, bereitete mir der kleine längliche Kaffeefleck schon die erste Überraschung: Nämlich, dass man hier gar nicht Deutsch sprach.

Ich weiß noch, wie ich, kurz nachdem ich aus dem Zug gestiegen war, in eine Bahnhofskneipe ging und schon von der Schwelle den merkwürdigen Satz hörte: »Geh bodn (gehe baden)!« Es war keine Aufforderung, das nächstgelegene Schwimmbad aufzusuchen, sondern die Kneipe recht flott wieder zu verlassen. Abgesehen davon, dass es sich um eine originelle Begrüßung handelte, kam es mir vor, als hätte mir eine fremde Macht einen üblen Streich gespielt. Nicht nur mein ganzer Deutschunterricht war umsonst, das Wienerische fiel in eine seltsame Undeutlichkeit zurück, die mir verdächtig slawisch vorkam. Wenig später bestätigte sich ein weiterer Verdacht. Der Wiener hatte den Wiener Dialekt eindeutig nur deshalb erfunden, um sofort jeden Nichtwiener zu entlarven. Er ließ sich unmöglich nachmachen und zu alldem herrschte hier eine Dialektvielfalt wie im Kongobecken.

Wie alle Verzweifelten, die vor einer unlösbaren Aufgabe stehen, schlug ich zuerst den Weg des geringsten Widerstandes ein. Im Laufe der nächsten Wochen konzentrierte ich mich nur auf Worte, die mir irgendwie bekannt vorkamen. Ich freute mich wie ein Kind, als jemand eines Tages »Tschopperl« zu mir sagte. Es bedeutete zwar, dass ich geistig nicht auf dem letzten Stand war, aber dafür stammte das Tschopperl von »čapek« ab, was im Tschechischen »kleiner Storch« heißt.

Noch glücklicher war ich, als ich den Ausdruck »auf Lepschi gehen« aufschnappte, was ungefähr so viel bedeutete wie »ausgehen«. Das Wort »lepsi« kam auch aus dem Slawischen und bedeutete »besser«, was wohl zu verstehen gab, dass das Ausgehen in Wien eine besonders angenehme Handlung sein musste.

Wäre ich Italiener, wäre mir überhaupt eine Menge Lernarbeit erspart worden, weil man hier die meisten

Vokabeln geklaut hatte. »Gspusi« bedeutete zum Beispiel auf Wienerisch eine Affäre und kam von »sposa«, dem italienischen Wort für Ehefrau. »Büsln« kam aus dem italienischen »pisolare« – ein Nickerchen machen. Und das Wort »Tschick« kam von »cicca«, was einen Zigarettenstummel umschrieb. Somit konnte sogar der unterbelichtetste Italiener den ersten Satz auf Wienerisch bauen, den er nicht nur verstand, sondern auch sicherlich guthieß: »Zuerst kleine Gspusi, dann bissi büsln und danach Tschick.«

Die endgültige Rettung brachte mir aber die allseits beliebte *Kronen Zeitung*. Sie führte mich mindestens genauso gründlich in den Wiener Dialekt ein wie zuvor das *Deutsch für Sture* in die Sprache Goethes. Aus diesem formidablen Blatt, das ich regelmäßig am Sonntag mitgehen ließ, erfuhr man nicht nur überaus nützliche Dinge wie zum Beispiel, dass Wale zuerst zwei Mal im Kreis schwimmen, bevor sie Geschlechtsverkehr haben, oder dass man in einer Stadt namens Linz zum wiederholten Male die längste Hundeleine der Welt (44 Meter) konfisziert hatte. Es gab dort vor allem eine horizonterweiternde Rubrik namens »Heiteres Bezirksgericht«, die im reinsten Wiener Dialekt verfasst wurde. Sie präsentierte in einer skurrilen Tonart die interessantesten Gerichtsfälle Wiens. Ziemlich schnell hatte ich solche wichtigen Worte drauf wie »Amtsschimmel« oder »Trottelrichter«. Ganz zu schweigen von weiteren Aufforderungen zum Sichentfernen, von denen es in dieser gastfreundlichen Stadt erstaunlich viele gab, wie zum Beispiel »Moch a Servas« (Winke ein letztes Mal und verschwinde) oder das wieder stark in Mode kommende, weil arabisch klingende »Hau di iba di Hoisa« (Suche das Weite über den Häusern).

Auf diese Weise machte ich nicht nur schnell Fortschritte, sondern lernte auch Vokabeln und Ausdrücke, die sogar einen Einblick in die philosophische Seite der österreichischen Seele erlaubten.

Der Ausdruck »Schau ma mal, dann wer ma sehen« (Schauen wir mal, dann werden wir sehen) war da besonders aufschlussreich. Zuerst glaubte ich, es wäre eine buddhistische Aufforderung, einen Gegenstand so lange zu betrachten, bis man sein Innerstes erblickt. In Wirklichkeit war es ein uraltes österreichisches Rezept, Probleme aller Art zu lösen. Das »Heitere Bezirksgericht« schilderte den Fall eines Trafikanten, der mehreren Leuten Geld schuldete und vor den Richter kam.

»Wann werden Sie Ihrem Arbeitgeber die fällige Schuld zurückzahlen?«, fragte der Richter, worauf der Trafikant antwortete: »Schau ma mal, dann wer ma sehen.«

»Wann zahlen Sie Ihrer Frau Alimente?«, lautete die nächste Frage.

»Schau ma mal, dann wer ma sehen«, lautete wieder die Antwort. Auf jede weitere Frage antwortete der Trafikant immer wieder nur »Schau ma mal, dann wer ma sehen«.

Er wurde noch am selben Tag freigesprochen.

Ein weiteres sprachliches Meisterwerk lautete: »Bevor ma randalieren, mach ma lieba a zweite Kassa auf« (statt uns zu prügeln, machen wir lieber eine zweite Kassa auf). Hier glaubte ich zuerst, dass es um eine Supermarkt-Richtlinie ging. Als Ostblockmensch wusste ich nur zu gut, dass zu langes Schlangestehen sogar aus dem zivilisiertesten Volk eine primitive und aggressive Masse machen kann. Als Wien zum Beispiel von der Corona-Plage heimgesucht wurde und jeder für sich herausfinden musste, wie viel Klopapier er täglich brauchte, wurde es eindrucksvoll bewiesen.

Wieder erleuchtete mich das »Heitere Bezirksgericht«. In einem Billa-Supermarkt war ein Pensionist unerwartet handgreiflich geworden, indem er sich mit dem Schlachtruf »Mach ma endlich eine zweite Kassa auf!« auf einen Angestellten stürzte. Ihm drohte ein Monat Gefängnis wegen versuchter Körperverletzung. Seine Verteidigung war horizonterweiternd: »Ich habe nie vorgehabt, jemanden zu verletzen«, plädierte er, »im Gegenteil. Ich appellierte an die zwei Kassen in meinem Gehirn.«

»Was soll das heißen?«, staunte der Richter.

»Die erste Kassa steht für Aggression und Kampflust. Die zweite Kassa ist friedliebend. Das Problem bei mir ist; die erste Kassa hat immer offen. Die zweite Kassa nie.«

Er wurde noch schneller freigesprochen als der Trafikant.

An dieser Stelle fragte ich mich, warum die Kommunisten in meiner polnischen Heimat sich nicht auch so etwas Intelligentes einfallen ließen. Wenn sie »Proletarier aller Völker, vereinigt euch« mit »Proletarier aller Völker, macht eine zweite Kassa auf« ersetzt hätten, wären sie heute noch am Ruder.

Schließlich war es so weit. An dem Tag, als mein Wiener Dialekt so weit fortgeschritten war, dass ich mich nicht nur verständlich machen, sondern auch eine alte Rechnung begleichen konnte, schritt ich zur Tat. Ausgerüstet mit meinem »Heiteres Bezirksgericht«-Sprachwissen fuhr ich in die Bahnhofskneipe, wo man mich gleich nach meiner Ankunft mit einem »Geh bodn« hinausgeworfen hatte. Ich betrat sie so selbstverständlich, als wäre ich um die Ecke zur Welt gekommen, und bestellte im besten Wiener Dialekt ein »Krügerl« (ein großes Bier).

Der Kellner brachte es mir diesmal, ohne einmal mit der Wimper zu zucken, und stellte es vor mir ab. Dann fragte er mich höflich, ob ich noch gerne ein »Schnitzerl« dazu hätte. Auf diesen Moment hatte ich Monate gewartet: Ich lehnte mich wie ein Pascha langsam zurück und antwortete so laut, dass man es an den Nachbartischen hören konnte: »Schau ma mal, dann wer ma sehen.« Der Kellner nahm es mit einem wohlwollenden Nicken zur Kenntnis, und ich begriff, dass aus meinem »Deutsch für Sture« endlich ein »Wienerisch für Einheimische« wurde. Und während ich mein Bier trank, begriff ich, dass man ein Land auf viele Arten erforschen konnte. Auch durch einen Satz, von dem man noch vor Kurzem nicht einmal wusste, dass er existiert. Von jetzt an konnte ich mich weiteren Entdeckungen widmen, die ich mir vorgenommen hatte zu machen. Und die nächste lautete: den Verursacher des Wiener Dialekts dingfest zu machen.

Die aussterbende Spezies

Wenn mir etwas in Wien von Anfang an keine Ruhe ließ, dann ein sonderbares Paradoxon. Man hörte zwar überall den Wiener Dialekt, aber sein Erfinder, der echte Wiener, war nirgendwo zu sehen. Ich weiß noch, wie verblüfft ich war, als ich erfuhr, dass der Kellner, der mich aus der Bahnhofskneipe auf die Straße gesetzt hatte, nur eine billige Kopie war. Er kam aus einem ominösen Ort namens St. Pölten, der mit Wien so viel gemeinsam hatte wie ein Ramschladen mit dem Louvre. Und das war nur die Spitze des Eisberges. Sobald ich meine Nachforschungen ausdehnte, stellte sich heraus, dass Wien voller Kopien war, die die Stadt regelrecht überflutet hatten. Besser noch: Je weiter einer von Wien weg auf die Welt kam, umso leidenschaftlicher spielte er das Original. Die Fiaker kamen scharenweise aus dem Burgenland. Die als Mozart verkleideten Kartenverkäufer redeten im Tiroler Dialekt. Ganz zu schweigen von den vielen Fremdlingen, die von überallher kamen und sich überhaupt keine Mühe mehr machten, als Wiener durchzugehen.

Eines Tages wurde ich Zeuge einer pikanten Szene in einem eleganten Innenstadtcafé, die mich nicht mehr in Ruhe ließ. Der Kellner kam aus Amstetten (ich hatte es später nachgeprüft) und bediente gerade ein deutsches Ehepaar aus Hannover.

»Wir hätten gerne einen Kaffee«, sagte der Mann aus Hannover in seiner Naivität, mit seinem Hochdeutsch durchzukommen, und fügte noch unvorsichtigerweise hinzu: »Wenn es Ihnen möglich wäre, ihn uns bald zu bringen, wäre es wunderbar. Unser Bus wartet schon.« Die Ehefrau begleitete sicherheitshalber jedes Wort ihres Ehemannes mit einem freundlichen Lächeln.

Die erstklassig verkleidete Kopie aus Amstetten wartete, bis der Gast ausgeredet hatte, und antwortete derart gekonnt, dass man sie nicht mehr vom Original unterscheiden konnte: »Sich i aus, als hätt i irgendwo an Knopf? Und der Kaffee hat a kan Knopf«, rief er durch den ganzen Raum (Sehe ich aus, als hätte ich irgendwo einen Einschaltknopf? Und der Kaffee besitzt ebenfalls keinen Knopf).

Man hätte die Gesichter des deutschen Ehepaars sehen sollen. Sie würden ab jetzt nur noch mit einem Universalübersetzer ausgehen, wie er auf dem Raumschiff Enterprise üblich war, um den Erstkontakt mit fremden Spezies herzustellen.

Spätestens da begann mir zu dämmern, dass diese zahllosen Fälschungen, die im Umlauf waren, kein Zufall waren. Im Gegenteil. Sie deuteten auf eine beunruhigende Entwicklung hin, die einen schrecklichen Verdacht nahelegte: Der echte Wiener war im Aussterben begriffen. Genauso wie der Borneo-Orang-Utan oder die Seekuh im Amazonas. Bloß während am Aussterben der Orang-Utans die Kurzsichtigkeit und die Habgier der menschlichen Spezies schuld waren, erwiesen sich die Gründe für das Verschwinden der Wiener als viel komplexer. Es begann schon mit den Auswahlkriterien, die noch strenger waren als bei der Astronautenauswahl der NASA. Der Kandidat für den echten Wiener musste beweisen, dass seine Vorfahren sich bereits in der Steinzeit im Prater von Ast zu Ast gehangelt hatten. Gleichzeitig schadete es nicht, wenn seine Großeltern aus Budapest oder aus Tschechien kamen. Hieß man zusätzlich »Böhm« oder »Nagy«, war es wie ein Lottogewinn. Mit einem Namen wie »Schmidt« oder »Schulz« konnte man es gleich bleiben lassen, weil der Verdacht aufkam, dass das Wiener Blut durch deutsches Element verunreinigt wurde. Dieser Spagat dezimierte die Anwärterschaft bereits beträchtlich, aber der andere Grund wog noch schwerer. Er war den neuesten gesellschaftlichen Entwicklungen geschuldet. In den letzten Jahrzehnten hatte der natürliche Lebensraum der echten Wiener rapide zu schrumpfen begonnen. Alte Gast- und Wirtshäuser wichen modernen Lokalen, die nicht nur wie Aquarien aussahen, sondern tatsächlich rohen Fisch oder andere unverdauliche Seltsamkeiten wie »Tofunudeln« oder »Doradeterrine« auftischten. Gleichzeitig mit der neuartigen Nahrung erschien eine neue, raumfordernde Spezies namens »Bobo« auf der Bildfläche.

Wie bei allen Eroberungen freundete sich ein Teil der Einheimischen mit der Lebensweise seiner Peiniger an. Er fing nicht nur an, Hochdeutsch zu sprechen, sondern wurde sogar noch päpstlicher als der Papst, indem er seine eigene Art verleugnete und diese als »Proleten« oder »Ewiggestrige« abstempelte.

Den bereits auf diese Weise beträchtlich dezimierten »Proleten« und »Ewiggestrigen« blieb nichts anderes übrig, als sich an den Stadtrand zurückzuziehen, wo sie von da an in den umliegenden Gemeindebauten ein Schattendasein führten.

Wenn ich also einen echten Wiener in seiner natürlichen Umgebung zu Gesicht bekommen wollte, musste ich noch weiter hinausfahren als bis zum Schönbrunner Zoo. Am ehesten konnte man den echten Wiener in einem »Heurigen« aufspüren. In diese speziell dafür eingerichteten Lokale brach er im Schutz der Dunkelheit am Wochenende auf, wo er in Begleitung von Weißwein sogenannte Hausmannskost zu sich nahm, die in der Innenstadt inzwischen von der Cholesterin-Inquisition verboten worden war.

Aus jener unheilbaren Neugier heraus, die bei mir familiär-genetisch bedingt ist, beschloss ich eines Tages, mir diese aussterbende Spezies aus der Nähe anzusehen. Nachdem ich unter größter Mühe die Adresse eines Heurigen herausgefunden hatte, begab ich mich an einem Samstagabend dorthin. Die Fahrt dauerte zwei Stunden, da ich zwei Mal die Schnellbahn wechseln und noch einen halbstündigen Fußmarsch bergauf hinlegen musste.

Am Ende wurde ich aber fürstlich belohnt. Schon als ich das Lokal betrat, wusste ich, dass ich einen Volltreffer gelandet hatte. Der ganze Raum war voller echter »Proleten« und »Ewiggestrigen«, die zusammengepfercht an großen Holztischen saßen und hocherfreut über etwas, das nur sie verstanden, mit den Köpfen hin- und herwackelten. Vor jedem standen ein Gläschen Weißwein und ein Teller mit ihrer natürlichen Nahrung, einem Kümmelbraten, der vor Fett im grellen Licht des Lokals nur so glänzte. Eine Salzstange ergänzte alles als Vitaminbombe und im Hintergrund zupfte ein Mann, der Kaiser Franz Joseph wie aus dem Gesicht geschnitten war, an der Alpenharfe, auch Zither genannt.

Ich nahm diskret in einer abgeschiedenen Ecke Platz und bestellte ein Glas naturtrüben Apfelsaft. Hätte ich einen »Sturm« bestellt, wären meine Nachforschungen nach einem Glas beendet gewesen. Dieses beliebte Wiener Getränk ging zwar runter wie Limonade, lähmte aber bereits nach zwei Gläsern das gesamte zentrale Nervensystem.

Anschließend verwandelte ich mich in eine menschliche Antenne, die jeden kleinen Impuls und jedes Signal, das von meinen Forschungsobjekten ausging, minutiös aufnahm. Bereits nach einer halben Stunde konnte ich erste aufschlussreiche Verhaltensweisen und artspezifische Marotten des echten Wieners festmachen. Zum Beispiel war der am häufigsten ausgesprochene Satz eine Frage, die lautete: »Trinken wir noch ein Gläschen?« Sie wurde dann auch prompt mit dem zweithäufigsten Satz beantwortet: »Aber nur eins bitte.« (Alle Sätze wurden von mir automatisch ins Deutsche übersetzt.)

Während auf diese Weise eine Weinflasche nach der anderen »vernichtet« wurde, erörterte man Themen aus der Politik, Wirtschaft oder privater Natur. Für eine Spezies, die freiwillig die Isolation gewählt hat, waren die Wiener überraschend gut auf dem Laufenden.

Einen Tisch weiter saß eine Gruppe von vier Männern über sechzig, die sich als eine ethnologische

Goldgrube herausstellte. Ein Mann mit einem unnatürlich geröteten Gesicht, das einen nicht mehr weit entfernten Schlaganfall ankündigte, hatte sich zum Beispiel auf die politische Lage im Lande spezialisiert. Er gab ständig solche Sätze von sich wie »Unsere Politiker sind nichts als überbezahlte Kaffeeautomaten, die einen Einschalt- und Ausschaltknopf haben, und darunter ist ein riesiger Schlitz, wo man das Schmiergeld reinwirft«.

Sein Tischnachbar, ein dünner Mann mit einem traurigen Gesicht, hob hingegen immer wieder das Thema auf eine universelle Ebene. »Die Kaffeeautomaten machen mir weniger Sorgen als mein Bub«, beschwerte er sich, um das Problem in seiner ganzen Tragweite aufzuzeigen: »Wenn ich meinen Buben bestrafen will, muss ich seinem Computer eine Watsche geben. So weit sind wir schon. Das eigene Kind zu schlagen hilft heute überhaupt nichts mehr.«

Während man weiter derartige sozialkritische und kulturelle Erkenntnisse austauschte, griff man regelmäßig zum Glas, und die routinierte Bewegung, mit der man das tat, verriet, dass hier Leute am Werk waren, die ihre Situation identisch einschätzten: Wir befinden uns in einer Welt, vor der uns nur noch ein Besäufnis retten kann.

Nach zwei Stunden, als ich bereits selber einen Kümmelbraten verspeist und eine ganze Flasche Apfelsaft ausgetrunken hatte, war mein Wissen über die Wiener so weit befriedigt, dass ein Teil von mir nichts mehr dagegen hatte, in diese wohlige Atmosphäre einbezogen zu werden. Offenbar stand mir mein Wunsch ins Gesicht geschrieben, denn plötzlich prostete mir der Mann mit dem unnatürlich geröteten Gesicht zu und rief über den Tisch hinweg: »Du bist aber nicht von hier, oder? Das sieht man nämlich auf einen Kilometer.«

Voller Bewunderung über seine Fähigkeit, trotz überdurchschnittlichen Alkoholkonsums so treffsicher einen Fremdkörper auszumachen, rief ich zurück: »Das stimmt. Aber leider kann nicht jeder von hier sein.«

Da ich aber noch zu gut das Ehepaar aus Hannover in Erinnerung hatte, fügte ich schnell hinzu: »Aber ich komme nicht aus Deutschland.«

»Na immerhin«, nickte der Mann mit dem geröteten Gesicht und erkundigte sich: »Und wie gefällt dir Wien?«

»Sehr gut«, antwortete ich.

»Aber nur, weil du blind bist«, mischte sich sein Nachbar ein, der vorhin bedauert hatte, seinen Nachwuchs nicht mehr ohrfeigen zu dürfen. Er machte eine Geste, die das ganze Lokal miteinschloss: »Wir Wiener sind nämlich schreckliche Leute. Wir schauen niemandem auf der Straße in die Augen und sehen trotzdem alles.«

Darauf herrschte kurzes Schweigen in der Runde, wie immer, wenn man etwas verdauen muss, das größer als der eigene Magen ist. Ich schloss mich dem taktvoll an, um mich einzuschmeicheln: »Trotzdem bin ich froh, dass ich nicht auf der Straße, sondern hier bin«, sagte ich.

»Nicht blöd für einen, der nicht einer von uns ist«,

stimmte mir der Mann mit dem unnatürlich geröteten Gesicht zu. Er hob sein Glas und sagte einen Trinkspruch auf, den man neben den Uffizien und den Niagarafällen zum Weltkulturerbe erklären sollte: »Dann lasst uns zusammen ein letztes Fluchtachterl kassieren, bevor man uns endgültig einkassiert.«

Das brauchte man mir nicht zweimal zu sagen. Ich hob mein Glas Apfelsaft und trank es in einem Zug aus. Ein paar Stunden später verließ ich gut gelaunt Arm in Arm mit meinen neuen Kumpanen das Lokal und schwor mir feierlich zwei Dinge: Am nächsten Wochenende wieder herzukommen. Und niemandem die Adresse dieses einzigartigen Refugiums zu verraten. Sogar wenn mich die CIA oder der KGB foltern sollte. Das war das Mindeste, was ich für eine aussterbende Spezies tun konnte.

Das perfekte Gericht

Spätestens als ich den Kümmelbraten an jenem denkwürdigen Abend unter den Wienern probierte, erkannte ich eines: Wenn meine Erforschung Österreichs wirklich vollständig werden sollte, musste ich unbedingt einen genaueren Blick auf seine Nahrungsgewohnheiten werfen. So etwas sagt oft mehr über ein Land aus als seine Museen und Kultur.

Bereits meine allererste Begegnung mit österreichischer Nahrung war vielversprechend. Sie war flüssiger Natur und fand gleich nach meiner Ankunft in Wien statt. Mein Kumpel Marek, bei dem ich in den ersten paar Wochen unterkam, tischte mir als Willkommenstrunk ein Glas Wiener Leitungswasser auf. Und zwar so, als wäre es Champagner. Als jemand, der an das Warschauer Leitungswasser gewöhnt war, in dem insbesondere dienstags und freitags das halbe Periodensystem schwamm, tat ich so, als wäre das Glas unsichtbar. Immerhin war ich der Eigentümer eines Verdauungstraktes, dem es nicht egal war, was darin landete.

»Auf meine Verantwortung. Trink«, ermunterte mich mein Kumpel Marek, worauf ich einen vorsichtigen Schluck nahm und dann noch einen zweiten. Ich trank das Glas in einem Zug aus.

»Die haben hier den reinsten Wahnsinn in der Leitung«, las Marek meine Gedanken. »Ich überlege schon seit einer Weile, ob ich es in Polen nicht als stilles Mineralwasser verkaufen soll.«

Außerdem wollte ich zwei Fliegen mit einer Klappe schlagen. Ich litt noch an der romantischen Vorstellung, dass irgendwo in der großen Welt auf jeden Menschen ein Gericht wartete, das nur für ihn erschaffen wurde. Wenn es in einer Straßenkneipe in Saigon beziehungsweise in einem Luxushotel in Los Angeles auf einen warten konnte, warum nicht auch gleich um die Ecke? Ich wusste sogar genau, dass es aus zwei Teilen bestehen würde. Einer Hauptspeise und einem Dessert in Begleitung eines speziellen Gebäcks. Beim Gebäck hatte ich sogar schon einen Favoriten. Es war die Salzstange, deren Genialität ich bereits beim Heurigen erkannt hatte. Sie war auf den ersten Blick nichts anderes als eine Semmel, die man in die Länge gezogen hatte, bis sie die Form eines 30 Zentimeter langen Dolches bekam. Aber dadurch, dass dieser »Dolch« mit Salz berieselt wurde, änderte sich vieles, um nicht zu sagen alles.

Ermuntert durch diesen ersten Erfolg machte ich weiter und knöpfte mir die Hauptspeisen vor. Zuerst fürchtete ich, dass sie den polnischen zu ähnlich sein würden. Nichts gegen die polnische Küche, schließlich hatte sie mich zu jenem reiselustigen und gut gelaunten Forscher heranwachsen lassen, dem ich täglich im Spiegel die Zähne putzte. Aber niemand konnte leugnen, dass sie unter einer majestätischen Schwere der Fleischgerichte litt, die jährlich Tausende Eigentümer von Magengeschwüren produzierte.

Unter größter Vorsicht kostete ich mich als Erstes durch die österreichischen Klassiker, die solche martialischen Namen trugen wie »Gulasch vom Superrind« oder »Ochsenschlepp in Petersiliensauce«. Auch das berüchtigte »Wiener Schnitzel« kam dran. Und siehe da. Ein Wunder passierte. Es waren das gleiche Fleisch, die gleichen Kartoffeln, ja sogar die gleiche Sauce wie in der Heimat. Aber etwas war anders. Die slawische Gravitation löste sich in Luft auf. Was immer ich auch schluckte, es lag so gut in meinem Magen, als hätte es schon immer dort hingehört. Sogar das Wiener Schnitzel, wobei man fairerweise anmerken muss, dass man es vorher so fest geklopft hatte, dass es dünn wie eine Hostie war.

Erfreut über diese unerwartete Leichtigkeit erweiterte ich meine Suche auf den Fischbereich, was ein riskantes Unterfangen war. Ich war bereits seit meiner polnischen Kindheit nicht gut auf Fische zu sprechen. Bis zu meinem zwölften Lebensjahr war ich sogar überzeugt, dass auf der Welt nur zwei Fischarten existierten: der polnische Weihnachtskarpfen und Moby Dick. Vom ersten konnte ich keinen Bissen mehr herunterkriegen, weil man ihn rund um die Uhr essen musste. Vom zweiten hätte ich zwar gerne etwas probiert, erfuhr jedoch stattdessen, dass auf seiner Speisekarte Menschen in Form von rachsüchtigen Walfängern standen. Außerdem – was konnte man sich schon in Sachen Fisch von einem Land erwarten, das nicht einmal ein Meer hatte? Überrascht stellte ich aber fest, dass man an der blauen Donau längst über den Weihnachtskarpfen und Moby Dick hinaus war. Ich probierte zuerst einen Lachs in Dille, einen Kabeljau mit siamesischem Reis und ging dann zu anderen Fischen über, deren Namen ich bis dahin nur aus der Natursendung *Universum* kannte. Das Resultat warf mich um.

Ich war schon fast so weit, den ersten Platz einer Dorade zu geben, als das Schicksal seinen Lauf nahm. Eines Tages war ich mit dem Rad unterwegs und landete in Floridsdorf, das bekanntlich für zwei Dinge berühmt ist: riesige Gemeindebauten und Schnellbahnen, die an diesen Gemeindebauten so geräuschvoll vorbeidonnern, dass die Teller auf dem Tisch von selbst die Plätze tauschen. Irgendwann kehrte ich in ein kleines Wirtshaus am Straßenrand ein, um auf die Toilette zu gehen. Sobald ich meine Notdurft erledigt hatte, beschloss ich, ein Bier zu trinken. Kaum hatte ich das Bier bestellt, dachte ich mir, wenn ich schon meine Notdurft verrichtet habe und ein Bier trinke, kann ich auch genauso gut etwas essen. Das Tagesmenü war überschaubar, Frittatensuppe und dazu ein ominöses Gericht namens »Blunzengröstl«. Der Wirt, ein schweigsamer Mann mit einer Tätowierung auf dem Arm, die man bestimmt nicht in Tattoosalons bekommt, brachte das Essen.

Die Suppe war in Ordnung, aber beim »Blunzengröstl« passierte Folgendes: Nach dem ersten Bissen wurde ich hellhörig, nach dem zweiten bekam ich Schnappatmung und nach dem dritten begriff ich, dass ich in diesem gottverlassenen Wirtshaus mein perfektes Märchenmahl gefunden hatte. Es lag an der Kombination aus den geschmorten Zwiebeln, der rätselhaften Blunze und noch etwas, was nicht einmal Einstein und Goethe zusammen herausfinden würden.

Optimistisch stürzte ich mich auf die letzte Aufgabe: die Suche nach der perfekten Nachspeise oder, wie die Scherzbolde in österreichischen Kochsendungen sagten, der angenehmsten Art, sich Diabetes zu holen. Alles deutete darauf hin, dass das in einer Stadt, die praktisch selber ein riesiger Apfelstrudel war, ein Kinderspiel wäre. Aber ich irrte. Ich kostete mich vergeblich durch mehrere Mehlspeisenvitrinen in der Stadt, bis am Ende doch noch ein Wunder passierte. Und zwar in einer kleinen Konditorei im siebten Bezirk. Mein Märchendessert war eine Mehlspeise mit dem ulkigen Namen »Mohr im Hemd«. Man konnte ihn so essen, wie Gott ihn schuf, oder gleich zu Diabetes 2 übergehen und Schlagobers dazunehmen. Das Resultat war immer gleich. Für einen Moment blieben alle Uhren stehen, sogar die biologische, und der Mensch begriff in diesem Augenblick, wie sein Leben hätte werden können, wenn er genug Geld hätte, sich täglich einen »Mohr im Hemd« zu leisten.

Um zu beweisen, dass ich bei meiner Entdeckung nicht unter dem Einfluss einer fremden Macht oder Zuckerschock stand, möchte ich mich auf zwei glaubwürdige Zeugen berufen, die genauso wie ich ihr perfektes Mahl in der österreichischen Küche gefunden haben. Sie sind nicht nur glaubwürdig, sie kommen noch dazu aus absolut unterschiedlichen Kulturkreisen, was absolute Objektivität garantiert.

Den ersten Glückspilz traf ich in einem Speisewagen der ÖBB. Es war ein deutscher Ingenieur, der geschäftlich von München nach Wien unterwegs war. Er schaufelte gerade eine nicht sonderlich appetitlich aussehende ÖBB-Gulaschsuppe in sich hinein und sah aus, als hätte er die letzten zehn Tage nichts gegessen. Als er meinen neugierigen Blick bemerkte, sagte er mit vollem Mund: »Wir Deutsche haben vielleicht die bessere Fußballnationalmannschaft, aber die Alpenrepublik schlägt uns in der Küche 10 zu 0. Deswegen buche ich meine Dienstreisen immer so, dass ich im österreichischen Speisewagen lande. Und zwar Monate im Voraus, damit mir die Kollegen vom Büro den Platz nicht wegschnappen.«

Dann vertiefte er sich wieder in das ÖBB-Gulasch, und es war nichts mehr aus ihm herauszubekommen. Erst beim Dessert, einem vertrockneten Marillenkuchen, gab er einen kurzen, tiefen Seufzer von sich, bevor er von Neuem mit seinem Teller verschmolz.

Die anderen Glückspilze, es waren nämlich gleich mehrere, kamen aus dem asiatischen Raum. Das bedeutete erstens, dass ihre Geschmackslatte von Haus aus um einiges höher als beim deutschen Ingenieur lag, und zweitens sind Asiaten, sobald sie ihren natürlichen Nahrungskreis verlassen, sehr pingelig, was die fremde Küche angeht. Ich beobachtete sie eines Tages dabei, wie sie in der *Aida* am Stephansplatz drei Kardinalschnitten bestellten. Die Kardinalschnitten hatten ihre beste Zeit eindeutig schon hinter sich, was man sogar am Gesicht der Kellnerin ablesen konnte. Trotzdem stürzten sich alle drei auf die »exquisite wienerische Köstlichkeit«, wie man in ihren Reiseführern alle *Aida*-Produkte bezeichnete. Sie verschlangen ihr Dessert mit so viel Selbstvergessenheit, dass man in diesem Moment gerne das Gesicht von Professor Freud gesehen hätte. Die drei widerlegten gerade in aller Öffentlichkeit die letzte noch gültige These dieses großen Gelehrten, wonach das Essen der Sex des Alters wäre. Keiner von ihnen war nämlich älter als zwanzig. Und als wäre es nicht genug, leuchteten ihre Handys die ganze Zeit wie Weihnachtsbäume, ohne dass auch nur einer daran dachte, sie abzuheben.

Zunge vom sprechenden Ochsen

Wie jede romantische Beziehung hatte auch meine Liebe zur österreichischen Küche eine Schattenseite. Man nannte sie die Gourmetküche. Ich entdeckte dieses Phänomen zum Glück längst, nachdem ich meine perfekte Mahlzeit gefunden hatte und meine Gefühle gefestigt waren. Trotzdem fragte ich mich immer, wenn ich einen Gourmettempel, wie man spezielle Restaurants nannte, sah: Wozu neben einem echten Diamanten noch einen künstlichen hinstellen? Oder neben einer echten Rose eine aus Plastik?

Es tat mir im Magen weh, wenn ich sah, was ein Gourmetkoch mit einem Schnitzel oder einer Ochsenzunge anrichtete. Er panierte und pürierte das arme Ding so lange, bis es fast schon anfing, um Gnade zu betteln. Auch ein Huhn oder Schwein konnte man, nachdem sich die Gourmetküche ihrer angenommen hatte, nur noch mit einem Gentest identifizieren. Vermutlich würde ein geübter Gourmetkoch auch problemlos einen »Bröndby«-Tisch von IKEA zu einer »schwedischen Terrine de luxe« verarbeiten und ihn anschließend um das Dreifache verkaufen. Denn eines der bedauerlichen Prinzipien des Gourmettums lautete: Je weniger ein Lebensmittel wiederzuerkennen war, umso mehr kostete es.

Zum Glück waren die Gourmets Menschen wie alle anderen. Gewiss, sie hatten ihre kleinen Marotten, durch die sie gerne aus der grauen Masse hervorstachen. Sie fuhren zum Beispiel besonders gerne einen SUV, damit er andere Autos auf dem Parkplatz überragte, und trugen Ralph-Lauren-Klamotten, weil dieser einmal sagte: »Wer meine Kleidung trägt, ist einzigartig.« Dass dadurch der Parkplatz am Ende nur mit SUVs vollgestellt war oder dass sie beim Abendessen alle identisch aussahen, fiel offenbar nicht ins Gewicht.

Aber wie normal die Gourmets unter dieser exklusiven Oberfläche manchmal sein konnten, entdeckte ich an einem lauen Sommertag. Ich studierte gerade aus Spionagegründen vor einem ihrer Gourmetlokale eine in Goldlettern ausgestellte Speisekarte, als ein grauhaariger Gourmet auf eine Zigarettenpause aus dem Lokal kam. Er war braun gebrannt und steckte in einem unvermeidlichen Ralph-Lauren-Sakko, auf dem bereits ein paar kleine Sprenkel zu sehen waren, die von einer exklusiven Sauce herrührten. Er rauchte eine Zeit lang majestätisch seine Zigarette, bis er auf der anderen Straßenseite etwas bemerkte, das seine völlige Aufmerksamkeit fesselte. Plötzlich drückte er die Zigarette aus, versicherte sich, dass er unbeobachtet war, und galoppierte wie ein Wiesel über die Straße. Dort prüfte er noch einmal wie ein Bankräuber, dass ihm niemand gefolgt war, und lief zu einem kleinen Würstelstand an der Ecke. Er bestellte im Eiltempo eine gewöhnliche Burenwurst und verschlang sie so schnell, dass niemand etwas mitbekam. Fünf Minuten später stand er wieder vor dem Gourmetlokal und rauchte weiter majestätisch eine Zigarette, als wäre nichts geschehen. Und nur sein Gesichtsausdruck verriet, wie dankbar ihm sein eigener Verdauungstrakt für diesen Seitensprung war.

Für all jene, die trotzdem ein Gourmetgericht probieren wollen, habe ich aus jener gold gedruckten Speisekarte ein paar Spezialgerichte herausnotiert.

Gourmetgericht Nummer 1
Zweifach gewendete Hasenbrust in warmer Tintenfischsauce

Beliebt bei österreichischen Neureichen und russischen Oligarchen in Begleitung eines 40 Kilo schweren Models.

Schmeckt wie gewöhnliches Huhn in Mayonnaise.

Gourmetgericht Nummer 2
Zunge eines sprechenden Almochsen. Geteert und gefedert in Lakritze mit linksdrehendem Schlagobers

Besonders bevorzugt von betuchten Pensionisten und größenwahnsinnig gewordenen Lottogewinnern.

Schmeckt wie gewöhnliche Presswurst.

Gourmetgericht Nummer 3
Minidorade aus Wildfang mit kandierten Gräten.
Drei Mal bei Vollmond gewendet. Beilage Elektronen-
mikroskop
Gut geeignet für Primarärzte und Manager mit Ver-
dauungsstörungen.
Jedes Pangasiusfilet ist besser.

Süß oder scharf –
das ist hier die Frage

Dass mir eines Tages die österreichische Küche nicht
nur kulinarisch, sondern auch existenziell unter die
Arme griff, ist eine Tatsache, die ich nicht oft genug
wiederholen kann.

Mein erster Job in Österreich war in einem Würstelstand. Zu dieser Zeit hatte ich mein Märchenmahl
noch nicht gefunden und ernährte mich gezwunge-
nermaßen von Burenwürsten, Käsekrainern und
Frankfurtern, die ich geschickt miteinander kombi-
nierte. Meine Kundschaft bestand aus Beamten und
Müllmännern, die sich nicht sonderlich grün waren,
die aber ihre gemeinsame Sympathie für gegrillte
Wurst mit süßem Senf regelmäßig vor meinen Stand
spülte.

Eines Nachts, als ich dabei war, meinen Stand zu
schließen, tauchte plötzlich ein Mann auf, dem, wie
Hemingway sagte, seine kriminelle Vergangenheit ins
Gesicht geschrieben stand. Sein Gesicht wies mehrere
Narben auf, die man sich niemals beim Rasieren ein-

fängt. Sein linkes Auge fehlte, wodurch er im fahlen Neonlicht meines Standes wie jene Horrorfilmfigur aussah, die Teenagern, die mit Kopfhörern Musik hörten, den Schädel einschlug und anschließend das Gehirn verspeiste.

Um nicht das gleiche Schicksal zu erleiden, legte ich mir die Geldkassette mit dem Tagesumsatz griffbereit zurecht. Der Mann betrachtete mich ausgiebig mit seinem übrig gebliebenen Auge, das offenbar alles umso schärfer sah, und zog ein ellenlanges Messer hervor. Er hielt es mir vors Gesicht und teilte mir mit einer überraschend angenehmen Stimme mit: »Ich bin zwölf Jahre wegen zweifachen Mordes im Gefängnis gesessen und gerade entlassen worden. Muss ich dir schriftlich erklären, was ich jetzt will, oder kommst du selber drauf?«

Ich schüttelte den Kopf zum Zeichen, dass man mir so etwas nicht zweimal sagen musste. Froh, dass ich so vorausschauend war, schnappte ich mir die griffbereite Geldkassette und stellte sie vor ihn hin.

Er starrte auf die Geldkassette, und seine Stimme klang noch angenehmer als beim ersten Mal: »Was soll das? Gib mir das hier.«

Er zeigte mit dem Messer auf den letzten Käsekrainer, der auf dem Grill vor sich hin brutzelte.

Ich legte die Geldkassette zurück und bereitete den Käsekrainer in Lichtgeschwindigkeit vor.

»Süßen oder scharfen Senf?«, fragte ich fachmännisch.

»Beide, wenn es recht ist«, sagte der Mann. »Und eine Gabel. Den Rest habe ich schon.«

Sein Messer pendelte in der Luft hin und her.

Ich erfüllte seinen Wunsch und schob ihm den Teller hinüber. Er aß meinen Käsekrainer ganz langsam auf, und während dieser Zeit fiel kein Wort zwischen uns. Als er fertig war, legte er mir das Geld plus Trinkgeld auf den Tresen und verschwand wieder in der Dunkelheit. Während mein Magen sich langsam entknotete, erkannte ich eine tiefe Weisheit, die zwar kitschig klang, sich aber in diesem Moment überaus authentisch anfühlte. Die österreichische Nahrung hatte nicht nur die Gabe, den kulinarischen Horizont eines Fremdlings zu erweitern, sie war auch imstande, ihm das Leben zu retten.

Dracula würde vor Neid tot umfallen

Nachdem ich mein Märchenmahl gefunden hatte, nahm ich aus Jux alles in Essmetaphern wahr. Ich sagte nicht mehr: »Das Wetter ist schlecht«, sondern »Das Wetter schmeckt mir nicht«. Oder statt »Warum ist es so spät?« »Wer hat mir eine Stunde aufgegessen?«.

Sogar Österreich verglich ich mit einem Gericht, das seit vielen Jahrhunderten mitten in Europa gekocht wurde, sodass es nicht schadete, hin und wieder einen genaueren Blick auf die alten Meisterköche zu werfen, die überall ihre Töpfe hinterlassen hatten.

Es war sowieso höchste Zeit, etwas über die Vergangenheit eines Landes herauszufinden, in dem ich noch eine Menge erforschen wollte. Mit meinem kümmerlichen Wissen, dass Kaiser Franz Joseph so gründlich mit seinem Thron zusammengewachsen war, dass noch hundert Jahre später alle darüber redeten, oder dass ein halbdebiler Soldat namens Schwejk in seiner Armee gedient hatte, würde ich niemanden beeindrucken. Im Gegenteil. Es war, wie eine Vorspeise anzubieten, der das Besteck und der Teller fehlten.

Leider ist das Erwerben von geschichtlichem Wissen und überhaupt Wissen jeder Art nicht nur anstrengend, sondern auch zeitraubend. So motiviert ich war, es mir anzueignen, mir fehlte schlicht und einfach die Zeit dafür. Mein Würstelstandjob hielt mich derart auf Trab, dass ich am Abend gerade noch die Kraft hatte, mir eine Folge von *Star Trek* anzuschauen.

Noch weniger konnte ich es mir leisten, wie ein Tourist Museen zu besuchen und stundenlang Fremdenführern zu lauschen. Auch der überteuerte Eintritt, den man verlangte, um eine versteinerte Muschel aus dem Tertiär zu begutachten (Werbung des Naturgeschichtlichen Museums) oder Mozarts Pantoffel (Werbung Theatermuseum), war ein Problem.

Also entschloss ich mich, stellvertretend für alle Museen ein Museum aufzusuchen. Aber dafür ordentlich. Welches überließ ich dem Zufall. Ich schloss die Augen und tippte mit dem Finger auf den Wiener Stadtplan. Mein Finger landete auf einem Ort namens Kapuzinergruft. Das klang im ersten Moment nach einer jener hippen Discos, die laufend in der Innenstadt eröffneten, aber als ich dort ankam, reichte nur ein Blick, um mich zu beruhigen. Die Kapuzinergruft war alles, nur keine Disco. Es sei denn, man veranstaltete neuerdings Discoabende in kleinen, braunen Kirchen, die eine Tür aus Eisen hatten. Dafür gab es ein anderes Problem. Was immer sich in der Kapuzinergruft befand, es war offensichtlich aus Gold und Diamanten. Der Eintritt war so hoch wie mein Tageslohn. Damit mein erster Bildungsbesuch nicht schon vor dem Eingang endete, musste ich improvisieren und umsonst hineingelangen. Das ging nur auf eine Art. Ich musste mich unter eine der vielen Reisegruppen schmuggeln, die ständig hineinströmten, um später mit nachdenklichen Gesichtern wieder herauszukommen. Ich beobachtete eine Weile von der gegenüberliegenden Straßenecke den Eingang, um den richtigen Moment abzuwarten. Ich ließ zuerst aus verständlichen Gründen eine asiatische Reisegruppe ziehen. Dann eine italienische, die so laut redete, dass man nach einer halben Stunde schwerhörig wurde. Bis schließlich der perfekte Kandidat auftauchte, und zwar eine Gruppe aus Deutschland. Sie wirkte so freundlich und zahm, dass sie einen Fremdkörper wie mich, ohne zu murren, in ihre Mitte aufnehmen würde. Der einzige Haken war, dass die meisten Teilnehmer am Rande der Geriatrie standen. Alte Leute können manchmal schrecklich intolerant gegenüber jemandem sein, der sie für ihre Zwecke ausnutzt. Aber das musste ich riskieren. Schlimmstenfalls würde ich mich als ein Stummer ausgeben oder mir etwas ähnlich Originelles einfallen lassen, bis ich mich aus dem Staub machen würde.

Ich mischte mich im richtigen Moment unter die Nachzügler und kam ohne weitere Probleme an der Kassa vorbei. Wir stiegen die Stufen hinunter in eine Art Keller, wo ich wie angewurzelt stehen blieb. Ich hatte ein Museum mit Vitrinen und Rüstungen erwartet, aber hier standen überall nur Särge herum. Einige sahen zugegebenermaßen imposant aus, und einige sogar richtig bizarr, als hätte man hier Dracula oder einen anderen Fürsten der Finsternis bestattet. Leider gehörte ich nicht zu den Leuten, die Särgen viel abgewinnen können. Im Gegenteil. Ich hatte schon ein oder zwei in natura gesehen und jedes Mal war jemand drinnen, den ich gut kannte. Zum Glück tauchte plötzlich wie aus dem Nichts ein Mann auf, der sich als der »beste Wiener Fremdenführer, den Sie heute haben können« vorstellte.

Er war klein und hatte ein rundes Gesicht, in dem sich die Zuversicht spiegelte, dass man mit Humor und Esprit jeden Zuhörer in seinen Bann schlagen kann.

»Willkommen im einzigen Friedhof Europas, wo es nie reinregnet«, begrüßte er alle in einem witzigen Ton. »Einem Friedhof übrigens, in den man nur auf zwei Arten hereinkommt. Entweder als Tourist oder ehrenwerte Leiche.« Er machte eine kleine Pause und hob den Finger hoch: »Seien wir also froh, dass wir nicht das Zweite sind.«

Damit lockerte er die Stimmung auf. Ein paar Leute lachten sogar. Wenn auch leise, um nicht pietätlos zu erscheinen. Nachdem der Fremdenführer geschickt das Eis gebrochen hatte, zeigte er auf das Innere der Gruft und fuhr fort: »Dieser ungewöhnliche Friedhof ist, wie man weiß, die größte Ruhestätte des Habsburgergeschlechts.« Er wandte sich an das Publikum: »Wer kann mir an dieser Stelle etwas zu den Habsburgern sagen?«

Ein etwa siebzigjähriger Mann mit einem Stoffhut meldete sich zu Wort: »Das war ein Adelsgeschlecht, das Österreich über Jahrhunderte geprägt hat.«

Man sah gleich, dass er diesen Satz aus einem Reiseführer geklaut hatte.

»Völlig richtig. Wobei geprägt noch ein schwacher Ausdruck ist«, gab ihm der Fremdenführer recht. »Geformt oder geradezu geknetet wäre ein viel treffenderes Wort.«

Er zeichnete in der Luft einen Kreis: »Man muss sich die Habsburger wie eine mächtige Organisation vorstellen. Zum Beispiel wie einen mächtigen Konzern oder, wenn Sie wollen, eine riesige Gang.«

»Etwa wie Google zum Beispiel?«, warf eine Frau im Blumenkleid ein. Sie konnte vom ersten Moment an nicht die Augen vom Fremdenführer lassen.

»Nehmen Sie ruhig noch Amazon dazu«, lächelte der Fremdenführer ihr zu, »und trotzdem kann kein Konzern von heute, egal wie verschlagen und mächtig, den hier befindlichen Herrschaften das Wasser reichen.«

Er zeigte auf die gesamte Gruft: »Kurz gesagt: Hier liegen die Vorstandsmitglieder der erfolgreichsten Firma Österreichs, ja Europas. Sie trieb keinen gewöhnlichen Handel mit Staubsaugern oder Waschmitteln, sondern mit Macht. Sie hätten auch den Mond unter Kontrolle gebracht, wenn es technisch irgendwie gegangen wäre. 150 Stück liegen hier. Nur noch ein Platz ist frei.«

»Und für wen?«, meldete sich ein gelangweilter Teenager in kurzen Hosen zu Wort, dessen Handy hier keinen Empfang hatte.

»Das könnte ich dir natürlich sagen«, die Stimme des Fremdenführers ging theatralisch ins Flüstern über, »aber dann müssten wir dich in den letzten übrig gebliebenen Sarg stecken.« Wieder lachten die Leute. Bis auf den Teenager, der so dreinsah, als würde er hier nicht noch mal eine Frage stellen.

»Was übrigens gar nicht so leicht wäre«, der Fremdenführer hob den Finger hoch, »jeder dieser Särge verfügt nämlich über mindestens zwei Schlösser. Die jeweiligen Schlüssel sind in sicherer Verwahrung an getrennten Orten in Österreich, oder James-Bondmäßig formuliert: An einen toten Habsburger heranzukommen, ist genauso schwer wie an eine Atomrakete.«

Der Fremdenführer machte eine Handbewegung, die die ganze Kapuzinergruft miteinschloss.

»Höchste Zeit, Ihnen ein paar Generaldirektoren und -direktorinnen dieser ehrwürdigen Organisation persönlich vorzustellen. Fangen wir mit unserem Juwel an. Folgen Sie mir.«

Er führte die Reisegruppe zu einem Sarkophag in der Mitte, der sehr imposant und groß wie ein Postlieferwagen war. Es fehlte noch, dass darauf »Uns ist kein Paket zu groß« stand.

»Das ist die letzte Ruhestätte der Kaiserin Maria Theresia«, erklärte der Fremdenführer und zeigte stolz auf den riesigen Sarg: »Übrigens hatten wir hier neulich Graf Dracula zu Gast, der so neidisch wurde, dass er uns diesen Sarg abkaufen wollte. Die Verhandlungen laufen noch.«

Das Publikum lachte wieder und der Fremdenführer legte so richtig los: »Der Sarkophag ist natürlich nicht zufällig der prächtigste von allen. Bösartige Zungen sagten zu Lebzeiten der Kaiserin, dass er eigentlich doppelt so groß sein müsste, um der Körperfülle Maria Theresias gerecht zu werden.«

Er änderte plötzlich seine Stimme und zitierte in einem gespielt seriösen Ton einen alten Zeitungsartikel aus Maria Theresias Zeiten: »Unsere ehrwürdige Monarchin schluckt täglich nicht nur fünf Apfelstrudel zum Frühstück, sondern auch noch halb Polen und auch ein bisschen Ukraine mit dazu.«

Seine Stimme wurde wieder normal. »Aber was immer ihre Majestät damals auch geschluckt hat, sie hat das meiste wieder ausgespuckt. Nichtsdestoweniger empfehle ich Ihnen dringend, die Biografie dieser außergewöhnlichen Frau zu studieren. Ganz zu schweigen davon, was sie für Meisterwerke in unser Land geholt hat. Ich lobe nur ungern die Konkurrenz, aber Sie sollten sich im Kunsthistorischen Museum davon überzeugen.«

Er wartete taktvoll ab, bis alle den Maria-Theresia-Sarg begutachtet hatten, und meldete sich wieder zu Wort: »Als Nächstes möchte ich Ihnen jemanden vorstellen, dessen Ruhestätte nicht so opulent ist, es aber in sich hat. Sie ist praktisch gleich um die Ecke. Wollen wir?«

Er führte die Gruppe zu einem kleineren Sarg in einem Nebenraum.

»Wie Sie sehen, geht es hier in Sachen Ornamentierung viel bescheidener zu«, erklärte er, »aber die Person, die darin liegt, führte weder ein bescheidenes noch ein langweiliges Leben. Sie alle kennen sie als die weltberühmte Kaiserin Elisabeth, hierzulande auch Sisi genannt.«

Die Leute scharten sich um den Sarg, und ein paar davon betatschten ihn, als stünde er zum Verkauf. Der Fremdenführer ließ sie machen und ergriff dann wieder das Wort: »Über ihr Leben ist alles bekannt. Aber über ihren Tod schon weniger. Dabei sind die Umstände bei aller Tragik, wie oft in solchen Fällen, auch skurril. Ein Gerücht besagt zum Beispiel, dass die Kaiserin Elisabeth nach ihrem Tod noch einkaufen ging.«

»Das klingt aber sehr unwahrscheinlich«, warf der Mann mit dem Stoffhut ein, der vorhin schon mit seinem Wissen über die Habsburger geglänzt hatte. Die lockere Art des Fremdenführers ging ihm offenbar auf die Nerven.

»Nicht unbedingt«, widersprach der Fremdenführer, »der Attentäter verpasste Elisabeth einen Dolchstich, der so sonderbar ausfiel, dass sie zuerst nichts spürte und einfach weiterging. Erst nach einer Viertelstunde verschlechterte sich ihr Zustand und sie verlor das Bewusstsein. Angeblich hat sie es geschafft, sich noch vor ihrem Tod eine Brosche aus Bernstein zu kaufen.« Der Fremdenführer sah verschwörerisch in die Richtung des männlichen Publikums. »Dass das Kaufverhalten der Frauen eine Abhandlung wert ist, wissen wir ja nicht erst seit heute, meine Herren?«

Aber der männliche Teil des Publikums blieb stumm. Der Fremdenführer merkte, dass er ins Fettnäpfchen getreten war, und wechselte schnell das Thema: »Zu dumm, dass wir hier nicht den Sarg ihres Schwagers haben. Er trug den Spitznamen Luzi-Wuzi und war der erste offiziell schwule Habsburger. Man sagt heute noch: Er ist einer der wenigen Habsburger, dessen Gesicht zu Lebzeiten interessanter aussah als sein Sarg. Kommen Sie weiter. Es gibt noch viel zu sehen.«

Er führte die Gruppe zum nächsten Sarg und fing wieder an, dessen Geschichte zusammenzufassen. Je länger man dem Fremdenführer zuhörte, desto mehr musste man es ihm lassen. Seine Methode hatte zwar immer dasselbe Muster, aber sie funktionierte bestens.

Zuerst griff er ein interessantes Exponat heraus und streute eine lustige Anekdote ein. Dann machte er eine Pause, damit die Leute das Exponat in Ruhe anschauen konnten und knöpfte sich das nächste vor. Die nächste Stunde ging das immer so weiter, ohne dass jemand gegähnt oder die Konzentration verloren hätte. Im Gegenteil. Die Leute lauschten ihm wie einem Evangelisten. Besonders die Frau mit dem Blumenkleid, die schon anfangs eine Zwischenfrage eingeworfen hatte, war ihm inzwischen völlig verfallen.

Mich hatte er auch in seinen Bann gezogen. Ich hatte bis dahin keine Ahnung, wie informativ die Leichen von mächtigen Leuten sein konnten. Ich erfuhr in diesem sonderbaren Keller mehr über die letzten fünfhundert Jahre Österreichs, als wenn ich ein Jahr lang Geschichtsbücher gewälzt hätte. Den anderen ging es ähnlich. Man brauchte nur einen Blick in ihre Gesichter zu werfen.

Nach einer Stunde, als die Führung sich dem Ende näherte, brachte der Fremdenführer alle zu einem Sarkophag, den er sich als Krönung aufgehoben hatte.

»Mit diesem Mann will ich mich von Ihnen verabschieden, Herrschaften«, sagte er und zeigte auf einen Sarg, der erstaunlich schlicht war: »Hier ruht mein Liebling unter den Habsburgern, der Kaiser Maximilian. Wer kann mir sagen, wo er starb?«, wandte er sich wieder an das Publikum.

»In Mexiko«, rief ein dünner Mann mit einem Schnurrbart und einem Hawaiihemd. Der Mann mit dem Stoffhut hatte die Frage verschlafen.

»Dort und nirgendwo anders«, stimmte der Fremdenführer zu und fuhr fort: »Die Todesursache war leider damals unter den Habsburgern weit verbreitet und lautete Kaisersein.« Er legte mit einer zärtlichen Geste die Hand auf den Sarg. »Man streitet bis heute, ob Maximilian ein hoffnungsloser Romantiker war oder einfach zu wenig Grips hatte. Mexiko war damals absolut die falsche Adresse. Genauso gut hätte man ihn zum Direktor von Disneyland bestellen können. Und so kam es, wie es kommen musste. Bereits zwei Jahre später landete Maximilian vor dem Exekutionskommando.«

Der Fremdenführer machte eine seiner theatralischen Pausen und sagte mit betont ernster Stimme: »Bei den Windsors oder den Hohenzollern wären wir jetzt fertig. Aber nicht bei uns. Im Gegenteil, jetzt wird es so richtig habsburgisch. Maximilian zeigte keine Angst im Augenblick seines Todes. Er spendete jedem Soldaten aus dem Erschießungskommando ein Goldstück mit der Bitte, man möge ihm nicht ins Gesicht schießen, um die ehrenwerte Kaiserleiche nicht zu verunstalten. Die Soldaten hielten sich daran und Maximilian sah nach der Hinrichtung wie neugeboren aus. Leider dauerte es sechs Monate, bis er in Wien ankam, weil er den Ozean dazwischen nicht miteinberechnet hat. Seine Mutter rief bei Maximilians Anblick aus: ›Das ist nicht mein Sohn!‹ und fiel in Ohnmacht.«

Der Fremdenführer verstummte und ließ seine Worte auf das Publikum wirken. Sobald alle sich an Maximilians Sarg sattgeschaut hatten und dessen bedauerliches Schicksal in aller Stille verdauten, wurde seine Stimme wieder quicklebendig: »Ich hoffe, Sie hatten ein wenig Freude mit der berüchtigtsten Gang, die jemals in Österreich zugegen war. Ganz zu schweigen von meiner lästigen Wenigkeit …«

Das Publikum raunte erfreut. Die Frau mit dem Blumenkleid fing zu klatschen an, und ein paar schlossen sich ihr an. Der Fremdenführer ließ den Applaus eine Weile zu, um alle wieder mit einer knappen Geste zum Schweigen zu bringen. Er zeigte auf Stufen, die nach oben führten.

»Für die Habsburger schließt sich hier der Kreis. Aber nicht für Sie, meine Herrschaften. Auf Sie wartet oben noch eine Menge Wien. Nach so viel Friedhof schlage ich vor, dass Sie sich sofort etwas Süßes gönnen. Gleich gegenüber gibt es ein nettes Gasthaus, wo es einen erstklassigen Apfelstrudel gibt.« Er führte die Leute zum Ausgang und verabschiedete sich von jedem mit einem Kopfnicken. Insbesondere von der Frau im Blumenkleid, die keinen Hehl daraus machte, dass sie sofort auch die nächste Führung mitmachen würde.

Ich ließ ein letztes Mal den Blick über die Särge wandern. Ich hätte einiges für einen Wunderapparat gegeben, der Informationen speichert, um sie später in aller Ruhe in Wissen umzuwandeln. Dann verabschiedete auch ich mich vom Fremdenführer, der mir mit einem ironischen Lächeln nachsah. Als ich auf die Straße trat, blendete mich das Tageslicht so stark, dass ich die Hand schützend vor die Augen halten musste. Als es besser wurde, erblickte ich wieder meine deut-

sche Reisegruppe. Sie verschwand bereits im Gänse-
marsch in jenem Gasthaus, das der Fremdenführer
empfohlen hatte. Ich überlegte einen Moment lang, ob
ich mich anschließen sollte. Aber das wäre für einen
Tag zu viel des Guten gewesen. Ich überquerte die
Straße und schlug die entgegengesetzte Richtung ein.

Der erste Meldezettel

Nachdem ich so gründlich die letzte Unterkunft der größten Gang Österreichs untersucht hatte, war es höchste Zeit, sich um meine eigene Unterkunft zu kümmern. Ich brauchte langsam ein Dach über dem Kopf, wo ich endlich ungestört wäre. Bis dahin bewohnte ich Quartiere, die mir mein Kumpel Marek besorgte. Quartiere nannte man in der Emigrantensprache Wohnungen, wo fünf ausgewachsene Männer auf engstem Raum hausten. Diese Männer kamen nach zehnstündiger Schufterei auf der Baustelle nach Hause, flößten sich anschließend fünf Biere ein und fielen dann in ihrer Arbeitsmontur in ein exklusives Bauarbeiterkoma. Ich war kein Sauberkeitsfanatiker, aber sogar ich war bestürzt, wie leicht Männer, über die keine Mutter oder eine Ehefrau wacht, den Sinn für Hygiene verloren. Ganz besonders galt das für Emigranten slawischen Ursprungs, die von ständigen Melancholie-Anfällen geplagt wurden, die sie mit Wodka und Essiggurken verarzteten.

Eines Tages rief mich zum Glück Marek an und verkündete, dass er für mich eine Wohnung im zweiten Bezirk gefunden hätte.

»Sie ist zwar so klein, dass du dir direkt vom Schlafzimmer die Zahnbürste aus dem Bad greifen kannst. Und das Klo ist auf dem Gang, weshalb einige im Winter am Klodeckel festgefroren sind«, warnte er mich, »aber dafür musst du dir vor dem Einschlafen keine herzzerreißenden Lieder über unsere schönen Tatraberge mehr anhören und in der Früh auf dem Weg ins Bad zwischen Wodkaflaschen Slalom fahren.«

Das brauchte man mir nicht zweimal zu sagen. Ich zog, so schnell es ging, ein und stellte bald fest, dass ich es kaum besser hätte erwischen können. Die Wohnung war zwar klein, aber sonst war alles da, wo es sein sollte. Die Küche war in der Küche, die Dusche in der Dusche. Das Klo war tatsächlich auf dem Gang, aber damit stand ich nicht allein da. Zwanzig Prozent der Wiener verrichteten immer noch ihre Notdurft, indem sie nachts im Pyjama und mit einer Klopapierrolle in der Hand über den Gang huschten und dabei beteten, dass der Verdauungstrakt ihrer Klomitbenutzer nicht im gleichen Takt arbeitete wie ihr eigener.

Der einzige Haken an dieser Wohnung war, dass ich mich zum ersten Mal den österreichischen Behörden zu erkennen geben musste. Ich brauchte etwas, das man hierzulande einen Meldezettel nannte. Dieses kleine, harmlose Dokument nahm man in Österreich sehr ernst.

Es ermöglichte dem österreichischen Staat, seine Bürger im Auge zu behalten, insbesondere »Gäste von außerhalb«, wie man elegant alle Ausländer nannte. Besonders interessiert waren die Behörden an den Meldezetteln jener Fremdlinge, die unter dem Verdacht standen, kriminell zu sein. Es war zwar kaum vorstellbar, dass arabische Terroristen so dumm wären, Bomben in der eigenen Küche zu bauen, und slawische Autodiebe, die geklauten Mercedes vor dem

Fenster ihrer Wohnung abzustellen, aber es war einen Versuch wert. Schließlich war der Anteil an Idioten unter den Terroristen und Autodieben sicher nicht kleiner als unter den Friseuren und Turnlehrern.

Da ich weder ein Terrorist noch ein Autodieb war, hatte ich theoretisch nichts zu befürchten. Trotzdem bekam ich vor meinem ersten Amtsgang ein mulmiges Gefühl. Obwohl die Habsburger-Gang schon seit über hundert Jahren endgültig in die Kapuzinergruft umgezogen war und nichts mehr zu melden hatte, hinterließ sie ihren Nachkommen einen Paragrafenamazonas, in dem sogar Tarzan verloren gehen würde. Dieser Dschungel wurde noch dazu von hochgeschulten Wärtern überwacht und war wie eine unerbittliche Maschine, die kein Gesicht hatte, das man mit Tränen erweichen könnte. Oder wie Marek es einmal nach einem Glas Wodka auf den Punkt brachte: »Österreich hat die Stempelmarke bereits erfunden, als Polen sich noch von Ast zu Ast hangelte.«

Kein Wunder, dass unter den Ausländern ständig Horrorgeschichten über die österreichischen Ämter die Runde machten. Zum Beispiel über die Ping-Pong-Methode. Ein Fremdling ging blauäugig in ein Amt, wo er den Wunsch nach einem Visum äußerte, worauf der Beamte freundlich lächelte und sagte: »Kein Problem. Sie brauchen dafür einen Meldezettel. Den bekommen Sie in Zimmer 2.«

Auf Zimmer 2 hörte man dann: »Sie wollen einen Meldezettel? Kein Problem. Bringen Sie mir ein Visum. Das ist in Zimmer 1.«

Auf diese Weise begriffen sogar Analphabeten, die keine Zeile von Kafka gelesen hatten, worum es bei diesem Autor ging. Der Rekordhalter, ein kroatischer Klempner, hielt angeblich 13 Ping-Pongs aus, bevor er mit einem Krankenwagen abtransportiert wurde.

Ich tröstete mich damit, dass ich durch die polnisch-kommunistische Bürokratie zumindest ein wenig für einen eventuellen Notfall trainiert worden war. Schließlich gab es bei den Kommunisten auch Ämter, wo man nicht mal eine Briefmarke abschlecken konnte, ohne vorher zehn Formulare auszufüllen. Oder wo sogar die Jungfrau Maria Mühe gehabt hätte, ihre Identität zu beweisen. Und das sollte in Polen wirklich schon was heißen. Allerdings hatte das polnische Volk ein wirksames Gegenmittel namens Bestechung erfunden. Wenn es brenzlig wurde, stellte man einem Beamten eine Pralinenschachtel oder ein westliches Parfum auf den Schreibtisch und schon kamen die Dinge in Gang. Aber was stellte man einem österreichischen Beamten auf den Tisch, ohne dass er gleich einen Streifenwagen rief? Diese Frage beschäftigte mich, als ich an einem klaren Dienstagmorgen in das zuständige Bezirksamt aufbrach. Bewaffnet mit einer Pralinenschachtel unter dem Arm betrat ich das Amtsgebäude, wo man mich gleich in den dritten Stock schickte. Ich nahm Platz unter anderen »Parteien«, wie man hier humorvollerweise die wartenden Menschen nannte.

Schon auf den ersten Blick musste ich anerkennen, dass der Warteraum clever konzipiert worden war:

Dunkle Vertäfelungen, die einen schon vorab depressiv stimmten, sowie billige Plastikmöbel, die aus dem härtesten Rückgrat ein Fragezeichen machten. Über allem schwebte zusätzlich der Geruch eines seltsamen Putzmittels, der sich merkwürdig auf den Kreislauf auswirkte. Ich blendete diese heimtückische Zermürbungstaktik aus und holte ein Buch heraus. Polens Ämter hatten seinerzeit aus ihren Bürgern die belesenste Nation Europas gemacht. Ein Briefträger aus Lublin wartete so lange auf eine Arbeitsbescheinigung, dass er drei Mal hintereinander *Krieg und Frieden* ausgelesen hat. Der durchschnittliche Amtsgeher lag im *Anna Karenina*-Bereich. Ich hatte *Die drei Musketiere* dabei. Meine Lieblingsfigur war d'Artagnan, mit dem ich mich besonders in lebenskritischen Situationen identifizierte.

Angenehm überrascht, dass man meinen Namen schon nach dreißig Seiten aufrief, schnappte ich mir die Pralinenschachtel und betete, dass der Beamte weiblich sein würde. Mein Gebet wurde erhört, auch wenn die Beamtin stark vom üblichen Schönheitsideal der modernen Konsumgesellschaft abwich.

Sie wog gute neunzig Kilo, wobei in puncto Gewicht wahrscheinlich noch nicht das letzte Wort gesprochen war. Sie trug kurzes Haar wie ein steirischer Bauer, den man im Dunkel geschoren hatte, und ihre Stirn glänzte so, dass man sich darin spiegeln konnte. Ihre Brille musste an die zehn Dioptrien haben. Es gab aber auch einen menschlichen Aspekt. Auf ihrem Schreibtisch lag ein halbfertiger roter Schal, aus dem zwei Stricknadeln herausschauten.

»Was ist Ihr Anliegen?«, fragte mich die Beamtin, ohne von ihrem Papierkram aufzusehen.

Ich erklärte ihr im besten Deutsch, zu dem ich an einem Dienstag fähig war, dass ich einen Meldezettel benötigte, und fügte sicherheitshalber schleimerisch hinzu: »Ich bin so schnell gekommen, wie ich konnte. Es liegt mir nämlich absolut fern, das österreichische Gesetz zu ignorieren.«

Meine Worte verfehlten ihre Wirkung nicht. Sie richtete ihre zehn Dioptrien auf mich und zwei Augen von der Größe eines Weihnachtstellers blickten mich verwundert an.

»Sie verstehen, was ich sage?«, staunte sie.

»Und das mit großem Genuss«, schleimte ich weiter, »die Sprache ist ein wichtiger Bestandteil der Integration.«

Diesen Satz hatte ich von einem Deutschkursplakat, das in der U-Bahn hing.

»Also schön«, meinte die Beamtin, »wenn Sie einen Meldezettel wollen, dann brauche ich jetzt Ihre Geburtsurkunde.«

Auf diese Frage war ich bestens vorbereitet.

»Damit kann ich leider im Moment nicht dienen«, erwiderte ich. Das war die Untertreibung des Tages. Meine Geburtsurkunde lag irgendwo in einem polnischen Amt, was bedeutete, dass sie genauso gut auf dem Boden der Ostsee liegen hätte können.

»Jeder kann mit einer Geburtsurkunde dienen«, machte die Beamtin mich mit einem ironischen Ton nach, »oder sind Sie noch nicht geboren worden?«

»Der Punkt ist nicht, ob ich bereits geboren bin, sondern wo. Ich kam in Warschau zur Welt.«

Die Beamtin stutzte für einen Moment.

»In welchem Bundesland liegt das?«

»In gar keinem. Es liegt in Polen.«

»Also nicht in Österreich?«

»Nein.«

Tiefes Schweigen folgte. Man spürte förmlich, wie sich hinter der blassen, glänzenden Stirn meiner Beamtin mein Schicksal entschied.

»Tja. Dann können Sie sich schon die Antwort denken, die Sie von mir bekommen. Fahren Sie in dieses Warschau und kommen Sie mit der Geburtsurkunde wieder hierher.«

Es war höchste Zeit, das Thema zu wechseln.

»Wäre mein Pass nicht genug? In anderen Ämtern hat er prima die Geburtsurkunde ersetzt«, sagte ich und legte meine Pralinenschachtel so auf ihren Schreibtisch, als würde sie dort immer schon hingehören. Die Beamtin blickte auf die Pralinenschachtel und dann auf mich. Man musste diesen Blick sehen. Das war ein »Ich stehe kurz davor, Sie anzuzeigen«-Blick. Zu meiner Verwunderung nahm sie die Pralinenschachtel und steckte sie in eine Schublade.

»Kein Pass ersetzt hier irgendwas«, sagte sie, »bringen Sie die Geburtsurkunde und Sie bekommen den Meldezettel in fünf Minuten. Sie haben mein Wort darauf. Und jetzt rufen Sie bitte den Nächsten«, sagte sie.

Das lief hier gar nicht so, wie ich es mir vorgestellt hatte. Nicht nur, dass ich keinen Meldezettel bekam, jetzt löste sich auch noch meine Pralinenschachtel in Luft auf.

Langsam kam ich mir vor wie jener kroatische Klempner, der nach einem Amtsbesuch unbändige Lust bekam, den ganzen Kafka auszulesen. Und gerade, als ich mit meinem Latein am Ende war, begannen sich die Ereignisse auf eine geradezu magische Art und Weise zu meinen Gunsten zu wenden.

Plötzlich läutete das Telefon auf dem Schreibtisch und die Beamtin hob ab. Sie hörte eine Weile zu, wobei ihr Gesicht langsam rot anlief.

»Ich habe es satt, dauernd deine Arbeit zu machen«, schimpfte sie mit gedämpfter Stimme in den Hörer. »Letzte Woche schickst du mir diesen Liliputaner ohne Papiere rüber. Gestern diese Serbin mit vier Kindern. Wann machst du deinen Kram endlich selber?«

Eine piepsende Männerstimme im Hörer antwortete etwas, worauf sie noch wütender wurde.

»Du drohst mir?«, zischte sie, »ich bin dreimal so lang da wie du. Was? Na, probier's nur. Und ob ich das kann. Schneller, als du denkst. Pass nur auf.«

Sie legte auf und sah sich wütend um. Ihr Blick fiel auf mich.

»Sie da. Kommen Sie zurück«, sagte sie, obwohl ich die ganze Zeit vor ihr stand. Sie nahm ein Formular aus der Schublade heraus und schob es zu mir hinüber.

»Füllen Sie das aus. Wir machen Ihnen jetzt eine Geburtsurkunde.«

Man musste kein Genie sein, um zu sehen, dass das keine Geburtsurkunde ersetzte, aber wer war ich, dass ich darüber diskutieren würde? Ich füllte das Formular in Lichtgeschwindigkeit aus und übergab es ihr. Sie überflog mein Geschreibsel und drückte einen riesigen Stempel darauf.

»Damit gehen Sie jetzt auf Zimmer 4 und besorgen sich einen Meldezettel. Bei dem Kollegen, mit dem ich gerade telefoniert habe.«

»Und der Kollege wird das akzeptieren?«, gab ich zu bedenken. Ich hatte immer noch ihr Geschrei im Ohr.

»Er soll nur was anderes versuchen«, sagte sie mit einer Stimme, mit der man Glas hätte schneiden können. »Wenn nicht, dann gehen wir sofort zum Amtsleiter.«

»Zum Amtsleiter?«, erschrak ich.

»Keine Sorge. Das wagt er nicht. Und jetzt gehen Sie. Und rufen Sie den Nächsten rein.«

Ich nahm die Geburtsurkunde, die ich mir gerade selber ausgestellt hatte, und ging zur Tür. Ich warf noch einen letzten Blick zurück. Die Beamtin hatte ihren Papierkram zur Seite geschoben und strickte plötzlich an ihrem Schal. Ihre Stricknadeln flirrten wie Säbel durch den Raum.

Auf Zimmer 4 wurde mir zwei Minuten später von einem anämischen und sichtlich nervösen Beamten ein Meldezettel ausgestellt. Nach weiteren fünf Minuten war ich draußen. Mein Puls lag bei 180. Das ist immer so bei mir, wenn ich in kurzer Zeit etwas Wichtiges lerne. Und ich hatte gerade nicht nur etwas Wichtiges, sondern Essenzielles gelernt. Wenn es etwas gibt, das wirkungsvoller ist als die beste Bestechung, dann die Fähigkeit, zur rechten Zeit am rechten Ort zu sein. Und an diesem Tag konnte man alles von mir behaupten außer einem. Nämlich, dass ich nicht im richtigen Moment im richtigen Amtszimmer erschienen wäre.

Die vier Grundpfeiler
der österreichischen Bürokratie

Für all jene, die nicht zur richtigen Zeit am richtigen Ort sein werden, habe ich ein Charakterbild der vier häufigsten Beamtentypen zusammengestellt. Dieses Wissen kann für alle, die demnächst auf ein österreichisches Amt müssen, von unschätzbarem Wert sein.

Pfeiler 1: Der Klassiker
Kann sowohl männlich als auch weiblich sein. Er ist in der Regel übergewichtig und hat ein Haarproblem. Der männliche Beamte trägt oft ein aufgekrempeltes Hemd, auf dem kleine Essenskrümel zu sehen sind, die von einem Snack stammen, den er zwischendurch gerne an seinem Schreibtisch zu sich nimmt. Bei diesem Beamten empfiehlt es sich (falls nicht ein Wunder wie bei mir auftritt), möglichst wenig zu reden und stattdessen lieber hin und wieder zu nicken. Auch wenn es sich um keine »Ja oder Nein«-Frage handelt. Dieser Beamte ist aus Gründen, die sich uns niemals erschließen, gelegentlich empfindsam und krankhaft hellhörig. Er ist dementsprechend leicht entflammbar und kann einen Bittsteller wegen eines einzigen ironi-

schen Lächelns in einem Meer von Paragrafen untergehen lassen. Aber wenn man sich richtig benimmt, kann er dieselben Paragrafen, die er so geschickt als Tötungswerkzeuge benutzt, mit einer einzigen Geste seiner Hand zur Seite wischen und einen in das gelobte Land des »Alles ist zu Ihrer Zufriedenheit erledigt«- Stempels führen. Siehe mein Fall.

Pfeiler 2: Der Alternative
Ist äußerlich betrachtet ein Produkt der 90er-Jahre. Er wiegt in der Regel halb so viel wie der Beamte Nr. 1. Trägt alternative Kleidung, häufig ein T-Shirt, auf dem »Metallica« oder »AC/DC« steht. Sein Haar, sofern er eins hat, ist grün oder blau gefärbt. Gelegentlich hat er auch ein Piercing in der Unterlippe, was dazu führt, dass das ohnehin schwer verständliche Beamtendeutsch noch schwerer verständlich rüberkommt. Das Ganze sendet an die Partei eine verwirrende Botschaft, die lautet: »Ich bin gegen das System, für das ich arbeite, und ich zeige es auch her.« Es irrt aber jeder gewaltig, der dieses Märchen glaubt. An einem schlechten Tag kann der alternative Typ eine intensive Boshaftigkeit zeigen, die auf einen in der Vergangenheit nicht erfüllten Wunsch privater Natur zurückgeht. An so einem Tag hat man keine Chance, irgendetwas zu erledigen. Aber an einem guten Tag schadet es nie, ein Märchen aufzutischen, man hätte während eines Urlaubs in London Mick Jagger in einer Limousine vorfahren sehen. Die Chancen, eine Geburtsurkunde oder einen Meldezettel zu bekommen, steigen dann enorm.

Pfeiler 3: Der Allerweltstyp

Er kann ein unterschiedliches Aussehen annehmen. Mal ist er in Krawatte, mal in einem lockeren Hemd. Keine Brotkrümel auf dem Schoß, besticht durch konkrete Fragen und verständnisvolles Nicken. Wer auf diesen Typ trifft, sollte lieber gleich kehrtmachen. In dieser Verkleidung steckt der Bürokrat, wie man ihn in Filmen oder Albträumen sieht. In ihm existiert eine unsichtbare Grenze, die durch die Buchstaben des Gesetzes gegossen wurde, und nichts, nicht einmal eine Nuklearkatastrophe, wird ihn dazu bringen, diese zu überschreiten. Er ist der perfekte Beamte, und wir können uns an dieser Stelle alle bei Mutter Natur bedanken, dass sie gelegentlich schlampig arbeitet und die vorherigen zwei Beamtentypen zur Welt bringt.

Pfeiler 4: Der Neue

Ist ein Kind der Digitalära. Er ist adrett, klein und passt auf jeden Schreibtisch. Man nennt ihn heute den »digitalen Partner« oder umgangssprachlich den Computer. Er wurde anfangs den Beamten als stummer Kollege zur Seite gestellt, um diese jederzeit zu unterstützen. Im Laufe der Zeit übernahm der »digitale Partner« immer mehr das Ruder. Das Wissen, das einst im Kopf des Beamten untergebracht war, wanderte jetzt in die Speicherschaltkreise des digitalen Partners. Inzwischen ist es ein offenes Geheimnis, dass der digitale Partner sich vom Diener zum Chef aufgeschwungen hat. Wehe, man befragt ihn nicht, bevor man eine Entscheidung trifft. Wehe, man macht etwas Unerlaubtes. Der digitale Partner isst und trinkt nichts, vergisst nichts und verzeiht nichts. Er ist die perfekte Petze, und das einzig Menschliche an ihm ist, dass er manchmal plötzlich grundlos den Geist aufgibt, indem er sich aufhängt. Dann funktioniert allerdings im ganzen Amt nichts mehr.

Herr Oberbillig legt
einen Gassi-Walzer hin

Wenn man einen Meldezettel und ein Dach über dem Kopf hatte und somit aus dem Gröbsten raus war, achtete man auf einmal auf Dinge, für die man früher blind war. Es musste viel Zeit vergehen, bevor ich merkte, wie viele Haustiere in Österreich lebten. Insbesondere Hunde. Es gab sie nicht nur in rauen Mengen, sie wurden auch überaus zuvorkommend behandelt. Dabei ist nicht einmal die Rede von jenem Millionärssohn aus Tirol, der seinem Mops zu Weihnachten regelmäßig das neueste Smartphone schenkte, oder der Schlagersängerin, die ihrem Cavalier King Charles die Rechte an ihren Songs vermacht hatte. Sondern von den Tausenden Chihuahuas, Labradoren und Retrievern, die regelmäßig in Wien »Gassi« geführt und derart verhätschelt wurden, dass ein durchschnittlicher Hund in Polen vor Neid tot umfallen würde. Während der polnische Hund in der Regel lediglich als Alarmanlage diente, die mit ihrem Gebell einen Toten aufweckt und für ihre Dienste jeden dritten Tag ein Stück Fleisch vorgeworfen bekommt, badete sein österreichischer Bruder im Hundeluxus.

Er bekam delikates Dosenfutter mit Vitaminzusätzen, Spritzen gegen Osteoporose und trug ein buntes Halstuch oder eine regenfeste Pelerine von Hilfiger, um seine alternative Einstellung der Umwelt gegenüber zu signalisieren. Das Bellen hatte er völlig eingestellt, weil sein Herrchen alle anfallenden Probleme für ihn löste, indem es seine menschliche Stimme erhob. Anders ausgedrückt – wenn man den Charakter eines Menschen tatsächlich daran erkennt, wie fürsorglich er zu seinem Haustier ist, dann hatte der Österreicher ein Herz aus Platin.

Mein Wissen über dieses Platinherz stieg exponentiell an, sobald ich meine Hamsterwohnung bezog. Ich war auf einmal von lupenreinen Österreichern umgeben und konnte zum ersten Mal aus nächster Nähe beobachten, wie weit diese Tierliebe ging. Gleich unter mir wohnte ein älterer Herr namens Franz Oberbillig. Er war ein alleinstehender Pensionist und besaß eine zehnjährige Labradorhündin, um die er sich so fürsorglich kümmerte, als stünde er kurz vor einer Heirat mit ihr. Jeden Morgen spielte sich dieselbe Szene ab.

Pünktlich um acht Uhr öffnete Herr Oberbillig seine Wohnungstür, um einen »Gassi-Walzer« hinzulegen, wie er es nannte. Seine Hundeleine war über zwanzig Meter lang, was dazu führte, dass die Hündin meistens bereits auf der Straße stand, während ihr Herrchen sich zu Hause noch die Schuhe anzog. Sobald Herr Oberbillig sich der Hündin anschloss, schlugen beide den Weg zum Park ein, wo als Erstes der unvermeidliche Klogang erledigt wurde. Die Hündin trat taktvoll ins Gras und fing an, ihre Notdurft zu verrichten. Der ansonst behäbige Herr Oberbillig sprang daraufhin hinzu wie ein Samurai und hielt der Hündin ein schwarzes Plastiksäckchen so gekonnt hin, dass sie direkt hineinkotete. Die Geschicklichkeit, mit der die beiden dieses Ritual abwickelten, verriet, dass sie dieses Spiel schon seit längerer Zeit spielten und jeder genau wusste, was zu tun war.

Nachdem Herr Oberbillig das Kotsäckchen diskret in einen Mistkübel geworfen hatte, der bereits derart voll mit anderem Hundekot war, dass jeder, der daran vorbeiging, das Bewusstsein verlor, wurde die übliche Runde absolviert. Manchmal verlief sie harmonisch, was bedeutete, dass Herr Oberbillig der Hündin die letzten Neuigkeiten aus der Weltpolitik sowie die blutigsten Terroranschläge zusammenfasste, die sie mit einem fröhlichen Schwanzwedeln zur Kenntnis nahm. Manchmal aber tauchte ein lästiges Hindernis in Form eines anderen Hundes auf. In diesem Fall überholte Herr Oberbillig seine Hündin und stellte sich schützend vor sie, während er dem anderen Hundebesitzer mit Donnerstimme über die halbe Wiese zurief: »Ist das ein Männchen oder ein Weibchen?«

Lautete die Antwort »ein Weibchen«, rollte Herr Oberbillig augenblicklich seine Hundeleine wie eine Angel ein und suchte mit seiner Hündin das Weite. War eine Geschlechteropposition gegeben, lockerte er die Leine, und beide Hunde beschnupperten sich. Ohne seine Hündin aus den Augen zu lassen, tauschte sich Herr Oberbillig schnell mit dem anderen Hundebesitzer über die neuesten Nahrungszusätze aus, die gerade auf den Hundefuttermarkt gekommen waren, oder erzählte ihm den neuesten Klatsch aus dem Park. Danach verabschiedeten sich die beiden Herrschaften und kehrten mit ihren Lieblingen nach Hause zurück.

Irgendwann rechnete ich aus, wie viel Zeit Herr Oberbillig für die Spaziergänge mit seinem Hund verbrauchte, und kam auf ein verblüffendes Ergebnis. Es waren jährlich etwa 1500 Stunden Gassiführen. Das machte circa sechzig Tage pro Jahr. Also in einem achtzig Jahre langen Leben vierzehn Jahre pausenlosen Gassiführens. Aber eines war sicher. Egal wie lange es auch dauerte, eines würde immer gleich bleiben. Seine Hündin würde nicht einmal in hundert Jahren bellen.

Streichelinspektoren
auf freiwilliger Basis gesucht

Im Gegensatz zu Hunden waren die Katzen in Wien für mich ein Mysterium, über das ich viel gehört, von dem ich aber kaum etwas gesehen hatte. Ihre Zahl überstieg die der Hunde um ein Vierfaches und trotzdem blieben sie so gut wie unsichtbar. Sie führten offenbar ein geheimes Leben in einer Paralleldimension, zu der niemand außer der Katzenbesitzer selbst Zugang hatte. Nur solche Annoncen in der Zeitung wie »Babysitter für meine Samtpfote dringend benötigt« oder »Katzenheim sucht Streichelinspektoren auf freiwilliger Basis« deuteten darauf hin, was sich im Verborgenen abspielte.

So wie mich Herr Oberbillig in das Hundeleben eingeführt hatte, führten mich zwei andere Nachbarinnen in das Katzenuniversum ein.

Beide konnten nicht unterschiedlicher sein. Links von mir wohnte Frau Milchpeter. Eine siebzigjährige Pensionistin, die trotz zweier Hüftoperationen ständig in Stöckelschuhen ging. Sie war immer so stark geschminkt, dass nicht nur ihr Mund, sondern auch ihre Zähne etwas abbekamen. Besonders an Tagen, wenn der Föhn kam, sah sie aus wie der Joker aus dem Batman-Film und strahlte eine beängstigende Fröhlichkeit aus. Diese Fröhlichkeit fehlte der anderen Nachbarin vollkommen, einer etwa dreißigjährigen Grafikerin, die Ines hieß. Sie hatte grünes Haar und ein Piercing in der Unterlippe, in das sie, während sie mit einem redete, hineinbiss. Das Einzige, was diese Frauen verband, war die Tatsache, dass ihr Herz gleich stark für das Prinzip »Samtpfote lindert das unvermeidliche Alleinsein in der Großstadt« schlug.

Jede besaß mehrere Exemplare, die ständig in Bewegung waren, sodass ich unmöglich genau sagen konnte, wem welche gehörte. Sobald aber eine Katze verloren ging, fungierte ich immer als erste Notfallanlaufstelle.

Bereits eine Woche, nachdem ich eingezogen war, hämmerte es mitten in der Nacht an meiner Tür. Als Ausländer, der sich gerade einen Meldezettel erschummelt hatte und sich generell vor dem Gesetz nicht sattelfest fühlte, stellte ich mich die ersten zehn Minuten tot. Aber als das Hämmern nach einer Viertelstunde nicht aufhörte, dämmerte es mir, dass es kein diensteifriger Polizist, sondern ein österreichischer Nachbar in Not sein musste. Ich öffnete die Tür und erblickte meine Nachbarin Frau Milchpeter. Sie war bei Nacht nicht wiederzuerkennen: Die Schminke hatte ihre Lippen verlassen, ihr Haar stand zu Berge und in der Hand hielt sie eine eingeschaltete Taschenlampe, obwohl überall das Licht brannte. Sie leuchtete mir mit der Taschenlampe ins Gesicht und sagte etwas, was jeden Ausländer um drei Uhr in der Nacht auf falschem Fuß erwischen würde:

»Meine Muschi ist schon sechzehn Jahre alt«, informierte sie mich atemringend. »Und wenn sie das Affenhirn kriegt, dann bin ich nur noch Passagier.«

Sie leuchtete mit der Taschenlampe meine ganze Wohnung aus.

»Hier ist sie zum Glück nicht«, stellte sie erleichtert fest. »Sagen Sie mir, wenn sie bei Ihnen vorbeikommt. Sie läuft immer als Erstes zu Nachbarn, die gerade eingezogen sind.«

Frau Milchpeter huschte den Gang hinunter und lief die Treppen hinab, während ich in meinem Pyjama in der offenen Tür stand und nicht wusste, worüber ich als Erstes staunen sollte. Über ihren frivolen Haustiernamen oder wie wenig Auslauf sie ihrer Katze gönnte.

Ein paar Tage später wiederholte sich die Szene, nur diesmal war die junge Grafikerin Ines an meiner Tür. Ich öffnete und hörte eine Frage, die mir bekannt vorkam.

»Ist zufällig Ford bei Ihnen?«

»Ist Ford ein Auto oder dieser amerikanische Schauspieler?«, spielte ich den Naiven.

»Die Frage ist nicht wer, sondern wo er ist«, antwortete Ines schnippisch. Sie war eindeutig nicht zum Scherzen aufgelegt. Ich ersparte mir das Wortspiel, dass Muschi mit Ford in den Zoo gefahren ist, um eine echte Maus zu sehen, und sagte meinen Beruhigungsspruch auf: »Sobald ich ihn sehe, stehe ich sofort vor Ihrer Tür.«

»Das wäre superb«, atmete Ines auf. »Sie können jederzeit bei mir klopfen. Ich drücke sowieso kein Auge mehr zu.«

Dann verschwand sie in der Wohnung, um sich ein Beruhigungsmittel einzuflößen, das auf einer gewissen Kräuterbasis beruhte. Wie erwartet tauchte Ford gemeinsam mit Frau Milchpeters Muschi am nächsten Tag auf. Spätestens dann begann ich zu rätseln, wie oft eine Katze weglaufen muss, damit ihre Besitzer begreifen, dass sie immer zurückkehrt. Ein Jahr? Fünf Jahre? Ich wusste es bereits nach ein paar Wochen. Katzen kehren in Wien immer zurück. Das ist so sicher wie das Amen im Gebet. Wo würde man sonst Tag und Nacht mit einer Taschenlampe nach ihnen suchen?

Der hündische Zauberspiegel

Irgendwann begann ich mich zu fragen, ob die österreichische Tierliebe mit rechten Dingen zuging. Sie lag weit über dem europäischen Durchschnitt und alles, was über dem Durchschnitt liegt, muss einen besonderen Grund haben. Noch dazu waren meine Nachbarn kein Einzelfall. Immer wieder flogen zooartige Wohnungen in Wien auf, wo Leute sich so viele Schlangen, Zwergleguane und andere exotische Tiere hielten, dass Greenpeace aufhören konnte, sich Sorgen zu machen. Sollten Shell und andere Konzerne den Amazonas endgültig ausrotten, bräuchte man nur den Inhalt von ein paar dieser Wohnungen dorthin umzusiedeln, um das Gleichgewicht wiederherzustellen.

Um hinter des Rätsels Lösung zu kommen, suchte ich zuerst in Naturbüchern und wissenschaftlichen Abhandlungen. Ich las sogar ein Buch von Konrad Lorenz, der sich mit Tieren um einiges besser auskannte als mit Menschen, geschweige denn mit sich selbst. Die Antworten waren überaus aufschlussreich: Erstens fühlte sich der Homo sapiens immer schon wohl in der Gegenwart anderer Lebewesen, die in der Hierarchie unter ihm standen. Noch dazu, wenn diese stumm waren und ihm nicht widersprachen. Zweitens konnte man mit ihnen jene Empathie ausleben, die in der modernen, hoch technologisierten Welt auf der zwischenmenschlichen Ebene zu kurz kam.

Aber irgendwie reichte mir das noch nicht. Das fehlende Tüpfelchen auf dem i lieferte mir schließlich mein Nachbar Herr Oberbillig. Ich belauschte ihn eines Tages zufällig bei einem Gespräch, das er mit seiner Labradorhündin im Park führte. Es war sowohl in psychologischer wie philosophischer Hinsicht horizonterweiternd.

»Sie hat gesagt, ich bin zu kompliziert«, beschwerte sich Herr Oberbillig bei seiner Labradorhündin, die ihm aufmerksam zuhörte.

»Und dann soll ich weniger Fleisch essen und meinen Kleidungsstil verändern. Meine Haare gefallen ihr auch nicht«, jammerte er weiter, während er der Hündin das Fell kraulte.

»Wozu soll ich mich ändern? Mit siebzig sind alle Züge schon abgefahren. Wie siehst du das?«

Die Hündin gab ein leises Jaulen von sich, weil ihr offenbar das Thema nicht neu war und sie genau wusste, was sie antworten sollte. Herrn Oberbillig befriedigte diese Antwort voll und ganz.

»Das habe ich auch gesagt«, er tätschelte der Hündin den Kopf und beide blickten gemeinsam wie ein altes Ehepaar auf eine große Platane, die in der Nähe wuchs.

Endlich hatte ich das Tüpfelchen auf dem i gefunden. Das Haustier war für sein Herrchen ein Zauberspiegel. Jedes Mal, wenn der Tierbesitzer einen Blick hineinwarf, sah er statt des eigenen verbrauchten Gesichts zwei Augen, die ihn vergötterten. Davon war er jedes Mal so entzückt, dass er lieber sich selbst etwas antun würde, als diesen Zauberspiegel zu zerbrechen. Wie zur Bestätigung meiner Entdeckung hörte ich Herrn Oberbillig zu seiner Hündin sagen: »Warum können die Leute mich nicht so sehen wie du? Dann wäre die Welt das reine Paradies.«

Er tätschelte ihr wieder liebevoll den Kopf. »Und jetzt marschieren wir nach Hause, essen was und schauen uns ›Casablanca‹ an. Also mir würde das gefallen, und dir, mein Mäuschen?«

So viele Berge, so wenig Gipfel

Wenn das »Gassi-Walzer-Hinlegen« mit dem Hund die Lieblingsfreizeitbeschäftigung der Österreicher war, dann war ihre zweithäufigste Fortbewegungsart eindeutig das Laufen ohne Hund. Da man aber in der Stadt immer im Kreis läuft, nannte man es großspurig Jogging. Jeden Nachmittag waren die Straßen voll mit Leuten, die vom Gehen nichts mehr hielten und nur noch laufen mussten. Sie waren in jedem Alter und von jedem Geschlecht. Sogar Mütter liefen mit einer Sportversion eines Kinderwagens vor sich her, und die Männer steckten in Ganzkörperanzügen, in denen sie ziemlich lächerlich aussahen. Interessanterweise rochen die meisten Jogger nie nach Schweiß, sondern nach frischem Waschmittel, so als hätte man sie einem mysteriösen Geruchsphotoshop unterzogen. Nicht, dass mir etwas an fremdem Schweiß lag, aber es war irgendwie unheimlich. Aber das war nicht der einzige Grund, warum ich mich nicht an diesen laufenden Armeen sattsehen konnte. Ich kam aus einem Stadtviertel, wo man immer einen handfesten Vorwand zum Laufen brauchte. Zum Beispiel, um einen Bus zu erwischen, oder möglichst schnell eine große Distanz zwischen sich selbst und eine zweite Person zu bringen, besonders wenn diese eine Polizeiuniform anhatte.

Das brachte mich auf die Idee, einen genaueren Blick auf den österreichischen Sport zu werfen. Sport sagt eine Menge über das Land aus und über die Leute, die ihn treiben. Ein Sportler glaubt zwar immer, dass er sich den Sport ausgesucht hat. Aber es ist umgekehrt. Der Sport sucht sich den Sportler aus. Schließlich ist es kein Zufall, dass die besten Marathonläufer aus Afrika kommen, wo man ständig irgendwo laufen muss. Genauso wenig, dass den Australiern, die von einem Ozean umgeben sind, inzwischen sogar Kiemen gewachsen sind.

Welcher Sport den Österreichern aufgezwungen wurde und warum, war kein großes Geheimnis. Es gab in der Alpenrepublik so viele Berge wie Muscheln an einem italienischen Strand. Die Österreicher mussten einfach zu Skifahrern werden. Eines Sonntags, als ich mir eine Abfahrt ansah, ließ ich meiner Phantasie freien Lauf. Während ein österreichischer Abfahrer um Sekundenbruchteile kämpfte, fing ich an, mir auszumalen, wie es dazu kam, dass heute auf jedem zweiten Sieg »Made in Austria« stand. Es musste vor langer Zeit gewesen sein. Noch bevor es Habsburger gab, ja bevor es überhaupt noch Österreich gab. Irgendwo in dieser grauen Schneesteinzeit stellten sich die künftigen Österreicher jeden Tag eine überlebenswichtige Frage: Wie schaffen wir es, in den riesigen Schneemassen nicht unterzugehen, die ständig vom Himmel auf uns herunterfallen? Die Antwort war einfach: Entweder werden wir darin ertrinken und leise aussterben oder wir lernen, uns irgendwie auf der Oberfläche zu halten.

Sie entschieden sich für das Zweite und machten schnell Fortschritte. Zuerst lernten sie, irgendwie oben zu bleiben und mit der Zeit sogar, sich auf der glatten

Unterlage fortzubewegen. Es waren zuerst tapsige Versuche, mal rutschten sie auf ihren Füßen, mal auf ihren Hintern ins Tal. Aber dann kam ein Genie auf die Idee, sich zwei Bretter anzuschnallen, und läutete eine neue Ära ein. Die anderen machten es nach und bald fuhren viele nur noch auf Brettern, statt zu gehen. Im Laufe der Zeit begann es einigen zu dämmern, dass die neue Fortbewegungsart nicht nur die schnellste Möglichkeit war, von A nach B zu kommen, sondern auch eine Kunst, bei großer Geschwindigkeit das Gleichgewicht zu halten. Das lockte immer mehr Künstler des Gleichgewichts auf den Plan, die schließlich nichts anderes taten, als diese Kunst zu verfeinern.

Irgendwann machte man daraus schließlich eine Industrie und fing regelrecht an, in ein paar ausgewählten Alpentälern Gleichgewichtsakrobaten zu züchten, was dazu führte, dass heute viele von ihnen auf eine Art miteinander verschwägert sind, die man lieber im Dunkeln lassen sollte. Das erklärt aber zumindest, warum die österreichischen Skifahrer ständig Mayer, Klammer oder Moser heißen. Gelegentlich taucht noch eine Mutation namens Hirscher oder Kriechmayr auf.

Großer Jubel im Fernseher unterbrach meine Phantasien. Der nächste österreichische Abfahrer fuhr aufs Podest. Der Sportkommentator war aus dem Häuschen, wobei er nicht verhehlte, dass die ersten drei Plätze sowieso den Österreichern zustanden. Sportkommentatoren waren immer schon verkappte Nationalisten, wie jener berühmte polnische Kommentator, der beim olympischen Zieleinlauf einer polnischen

Läuferin verzweifelt rief: »Unsere große Athletin schwächelt auf den letzten Metern bedenklich im Schritt. Und ganz Polen sieht dabei hilflos zu!«

Froh, dass ich endlich das Geheimnis der österreichischen Skigene enträtselt hatte, ging ich in die Küche und goss mir einen Tee ein. Und während ich daran nippte, fragte ich mich, ob ich es vielleicht auch einmal mit dem Skifahren probieren sollte. Spätestens, wenn ich meine Forschungen hier beenden und genug Geld haben würde, mir einen Skipass zu leisten. Denn eines war sicher. Die Schneesteinzeit hatte einen großen Vorteil. Das Skifahren war damals vielleicht lebensgefährlich, aber dafür umsonst.

Bewegung im Sommer

Um wie viel entspannter war der österreichische Sport im Sommer. Man konnte regelrecht sehen, wie mit dem Schnee auch die Erwartungen an die Sportler dahinschmolzen. Das machte die österreichischen Sommersportler zu stressfreien Glückspilzen, die sich nicht allzu sehr um Sekunden oder Zentimeter kümmern mussten. Egal, ob einer als Letzter ins Ziel lief oder ob eine Mannschaft mit fünf Toren nach Hause geschickt wurde, das Publikum nahm es mit verständnisvollem Nicken zur Kenntnis.

Am liebsten schaute ich mir Fußballspiele an. Die österreichischen Fußballvereine glichen Gentlemenclubs, die sich in angenehmer Zeitlupe von links nach rechts bewegten und peinlich darauf achteten, dem

Gegner kein Tor zuzufügen. Sie trugen zwar so martialische Namen wie Rapid oder Sturm, aber offenbar nur, um die Gegner zu verwirren. Den größten Sinn für Humor hatte die österreichische Fußballnationalmannschaft. Jede Mannschaft wollte sie zum Gegner haben, weil ihr Siegeswille rein symbolisch war. Besonders unwohl fühlte sie sich bei Finalrunden, falls sie sich für eine solche überhaupt qualifizierte. Und wenn doch, dann war sie immer darauf bedacht, der Gegenmannschaft nicht allzu viel Stress zu bereiten.

Was mich aber endgültig für sie einnahm, war eine Eigenschaft, die mir verdächtig bekannt vorkam. Die österreichische Mannschaft hatte nämlich die magische Angewohnheit, immer in der letzten Spielminute das Gegentor zu kassieren. Am liebsten von ihrem großen Nachbarn Deutschland, der logischerweise nur zu gerne gegen das Fußballösterreich die »Verantwortung übernahm«. Ich kannte nur eine Mannschaft, die regelmäßig genau das gleiche Kunststück vollbrachte. Sie war der österreichischen wie aus dem Gesicht geschnitten, ja, sie trug sogar auch die rot-weißen Trikotfarben. Es war die polnische.

Warum österreichische Frauen öfter Sport schauen sollten

Ich habe nie verstanden, warum Frauen so ungern Sportübertragungen schauen. Nirgendwo sonst wird so gründlich der Charakter des Mannes offengelegt, als wenn er schneller und stärker als andere Männer

sein will. Ein Mann kann einer Frau eine Menge vor-
schummeln, aber sobald er auf dem Sportplatz steht,
fällt die Maske sofort. Vielleicht mit Ausnahme von
Kraftsport, wo man bestenfalls erfährt, wie viel Ana-
bolika der Auserwählte pro Woche verträgt, eignet
sich so gut wie jede Sportart dafür. Die besten Entlar-
vungsmaschinen sind Mannschaftssportarten. Hier
reicht gerade mal eine Viertelstunde, um herauszufinden, ob aus dem künftigen Ehemann ein Monster oder
gutes Material wird. Bereits nach ein paar Minuten
wird aus dem sanften Begleiter, der der Frau die Tür
aufhält und Blumen schenkt, ein Rüpel, der wie ein
Müllmann schimpft und zu hinterhältigen Fouls neigt.
Oder umgekehrt, der Angeber und Alltagsmacho
schmilzt in Gegenwart anderer Männer in Trikots
plötzlich zu einem unsicheren, weinerlichen Haufen
zusammen.

Die absolute Königsdisziplin, den männlichen Charakter zu entlarven, ist aber Tennis. Hier verwandelt
sich der sanfte Brillenträger und Kinderliebhaber nach
einer misslungenen Rückhand blitzschnell in eine Bes-
tie, die mit Schaum vor dem Mund ihren Gegner zer-
stören will. Hier zerfällt der harte Kerl, der uns gerade
noch glauben ließ, er wäre ein Fels in der Brandung, in
seine Bestandteile, weil er ein Mal den Ball nicht
getroffen hat.

Was das angeht, so haben gerade österreichische
Frauen das große Los gezogen. Es gibt in Österreich
zwei Tennisspieler, die man als leuchtende Entlar-
vungsmodelle männlichen Charakters hinstellen
kann. Der eine heißt Thomas Muster und der zweite

Dominic Thiem. Für alle interessierten Frauen habe ich zwei vermeintliche Heiratsanzeigen zusammengestellt, die sich bei der Suche nach dem Richtigen als nützlich erweisen könnten.

Die Thomas-Muster-Heiratsanzeige

Hallo, ich bin der Tom. Egal, ob du blond oder dunkel bist, ich habe für dich zwei Nachrichten. Eine gute und eine sehr gute. Entscheidest du dich für mich, dann bekommst du: A) einen tollen Kerl mit einer erstklassigen Rückhand. Und B) einen exzellenten Handwerker mit einem Herz wie ein Tennisplatz. Ich schraube für dich so lange an einer kaputten Waschmaschine herum, bis ich sie repariere oder kaputtkriege. Denn wie mein Guru Björn Borg sagte: Wozu einen Fachmann rufen, wenn man alles selber machen kann?

Mein Charakter ist ein offenes Buch: Ich bin niemals überheblich, wenn ich mal gewinne. Und ich gewinne erstaunlich oft. Mein Aufschlag zeigt dir vielleicht, dass ich kein großer Intellektueller bin, aber gerade deswegen habe ich einen Heidenrespekt vor dem gedruckten Wort. Früher las ich jeden Artikel über mich, aber jetzt will ich mit dir weitergehen. Wollen wir nicht einmal zu zweit bei Sonnenuntergang Paulo Coelho lesen?

Zum Schluss das Wichtigste. Ich bin ein Mann von Ausdauer und folglich an einer richtigen Konditionsmaus interessiert. Was nicht heißt, dass ich nicht auch eine zerbrechliche Stadtlilie vernaschen möchte. Also solltest du gerne Rad fahren, Sonnenuntergänge schätzen und wie meine Mama kochen, bin ich bereit, mit dir eine Extrarunde zu drehen. Denn eines ist sicher. Wenn du mich mal in Bewegung bringst, bin ich durch nichts mehr aufzuhalten.

Die Dominic-Thiem-Heiratsanzeige

Hallo zusammen! Ich suche eine Frau, die nicht nur hinschauen, sondern auch sehen kann. Und zu sehen gibt es bei mir einiges. Mein Spiel ist komplett und technisch ausgereift. Meine Rückhand schreit geradezu heraus, dass ich das Zeug zur Nr. 1 habe, aber Arroganz ist ein Luxus, den ich mir nicht leisten kann. Diese Weisheit würde ich gerne jeden Tag mit dir teilen. Ich neige vielleicht auf Sand oft zu Stoppbällen, aber zwischen uns gibt es nur ehrliches Tennis. Mein Spiel ist im Moment das Wichtigste für mich. Aber ich weiß, dass es auch ein Leben danach gibt. Und das soll dir gehören. So wie ich die Nr. 1 werden will, will ich die Frau glücklich machen, die sich für mich entscheidet. Mein Lebensmotto: Kein Mann ist von Natur aus gutes Ehematerial, aber gerade aus solchem Material werden irgendwann die besten Ehemänner. Ruf mich schnell an. Meine Telefonnummer steht auf der Bank-Austria-Werbung.

Wie pinkelt man neben
Plácido Domingo?

Entweder war es ein genetisches Missverständnis oder ein neuraler Unfall, aber das Musikzentrum in meinem Gehirn ist so minimal geraten, dass ich nicht einmal wagte, unter der Dusche zu summen. Sogar die einfachste Melodie verwandelt sich in meinem Mund zu einer akustischen Katastrophe. Die Zahl jener Menschen, die deswegen den Raum verließen, ist beträchtlich und steigt laufend. Ich werde auch nie eine Querflöte oder eine Geige spielen und kann mit größter Sicherheit behaupten, sollte ich jemals ein Instrument in die Hand nehmen, dann nur, um es von A nach B zu tragen.

So gesehen war Österreich das allerletzte Land auf diesem Planeten, das ich aufsuchen sollte. In jedem Reiseführer stand schließlich, dass Wien die Welthauptstadt der Musik war. Im Kleingedruckten wurde zwar gleich relativiert, dass es nur um klassische Musik ging. Und dann spielte sich das Ganze auch vor zweihundert Jahren ab. Trotzdem konnte selbst jemand derart Musikunbegabten wie mich eines nicht in Ruhe lassen: Wie kam so viel Musik in ein Land, das praktisch nur aus Bergen, dem dazu passenden Echo, illustrem Jodelgesang und einer überdurchschnittlich großen Anzahl an Kühen bestand? Warum kam ein Mozart nicht in Paris zur Welt, wo sich Genies praktisch aufeinanderstapeln, oder zumindest in Italien, wo man automatisch mit einer Geige zur Welt kommt?

Oder warum erblickte Johann Strauß nicht einfach so zum Spaß in Bayern das Licht der Welt, sodass jetzt die Deutschen bis in alle Ewigkeit singen müssten: »Am schönen blauen Chiemsee«?

Diese Frage konnte jemanden, der keinen Ton trifft, wirklich neugierig machen. Also fing ich an, mich zuerst in meiner österreichischen Nachbarschaft umzuhören, zu der ich inzwischen einen guten Draht hatte. Insbesondere die Besitzerin der ständig davonlaufenden Muschi, Frau Milchpeter, stellte sich diesbezüglich als eine überraschend gut informierte Quelle heraus.

Auf meine Frage, warum die Österreicher so musikalisch seien, gab sie mir eine ebenso ausführliche wie ehrliche Antwort: »An allem sind hier die Eltern schuld. Das sind ehrgeizige Monster. Selber können sie nicht einmal eine Mundharmonika spielen, träumen aber davon, dass man nach ihrer Brut irgendwann mal die Marzipankugeln benennt.«

»Aber warum müssen es ausgerechnet Musiker sein? Warum nicht Maler oder Erfinder?«, nutzte ich ihren geistigen Höhenflug aus.

»Das kann ich Ihnen sogar ganz genau sagen«, hob sie ihren Finger in die Höhe, »in Norwegen stecken sie Kinder in Skianzüge und befehlen ihnen, von einer Schanze herunterzuspringen. In Mexiko kriegst du schon mit fünf einen Revolver in die Hand gedrückt. Und in Österreich eine Querflöte.«

Sie brachte ein persönliches Beispiel: »Als meine Mutter mich beim Baden summen hörte, schickte sie mich am nächsten Tag zum Musiklehrer. Deswegen gibt es bei uns mindestens so viele Musiklehrer wie Skilehrer.«

Und Ines, die Grafikerin, die sonst mit Frau Milchpeter nie einer Meinung war, stimmte mit ein: »Mich haben sie in der Schule ständig mit Zwangsbesuchen der *Zauberflöte* an den Rand des Tinnitus gebracht. Ich krieg heute noch einen Ausschlag, wenn ich an der Oper vorbeigehe.«

Dass meine beiden Nachbarinnen der Erzeugung von Klängen so reserviert gegenüberstanden, war aber eine Ausnahme. Normalerweise konnte man sich nie sicher sein, ob sich ein Nachbar nicht als Musikfanatiker entpuppte.

Im Gegenteil. So gut wie in jedem Quartier, in dem ich bislang untergekommen war, fing früher oder später irgendein Wunderkind hinter der Wand an, an seinem Talent zu feilen. War es zu blöd, ein Instrument zu beherrschen, dann spielte es in voller Lautstärke mit den Radioprogrammen. Anfangs fand ich das sogar recht romantisch. Aber nach einigen Wochen konnte ich mich gut in jenen Straßenbahnfahrer aus Ottakring einfühlen, der eines Abends die Wohnungstür seines gerade Geige übenden Nachbarn eingetreten hatte, ihm die Geige entriss und mit einer Schere fein säuberlich die Saiten entfernte.

Zumindest konnte ich ziemlich schnell eine verlässliche Liste der beliebtesten Hausinstrumente aufstellen. An erster Stelle kam in Österreich das Klavier. Dann die Geige, gefolgt von der Querflöte. Am seltensten war die Harfe, was schade war. Sie war wenigstens leise, egal, ob darauf gerade eine zarte Symphonikerin oder ein Schimpanse übte.

Das wirklich Mysteriöse aber war, dass außer mir niemand etwas an diesem Lärm auszusetzen hatte. Österreich war offenbar das einzige Land auf der Welt, das problemlos eine beliebige Anzahl an verhinderten Musikgenies als Nachbarn vertragen konnte. Noch dazu wurde eine Überfülle an Musik außerhalb der eigenen vier Wände serviert.

Sobald man auf die Straße trat, klimperte schon nach ein paar Metern ein kleines Orchester oder zumindest ein Cellist, dessen Bart sich in den Saiten verfing. Allein in Wien gab es täglich Dutzende Musikveranstaltungen, die wie durch ein Wunder immer ausverkauft waren. Die Namen von Baritonen, Tenören und Koloratursopranistinnen hatte hier jeder im kleinen Finger, als wären es Fußballstars. Sogar das gemeine Volk war diesbezüglich auf dem Laufenden. Einmal belauschte ich an meinem Würstelstand zwei Müllmänner bei einem Gespräch, das professioneller ablief als jede Klassik-Diskussion im Fernsehen.

»Stell dir vor, Geri«, sagte der erste Müllmann zu seinem Kumpel, »ich putze gerade die Toiletten bei der Oper, als Plácido Domingo persönlich hereinkommt und anfängt, neben mir zu pinkeln. So ein Glück musst du haben.«

Sein Kumpel Geri nahm einen ordentlichen Schluck aus der Bierflasche und antwortete in einem phlegmatischen Ton, der ihn als Musikkenner entlarvte:

»Willst du wissen, was Glück ist? Glück ist, dass es nicht Liberace war.«

»Wer zum Kuckuck ist Liberace?«, staunte der andere.

»Ein amerikanischer Musikpädagoge. Er hätte dir in zwei Minuten beigebracht, wie eine Nachtigall zu singen.«

Das Gehopse zur Musik

Dass die Österreicher nicht nur beim Anhören klassischer Musik bleiben würden, sondern irgendwann dazu auch tanzen wollten, lag auf der Hand. Wie lange kann man schließlich Geigen und Klavieren zuhören, ohne sich selbst einzubringen? Also brachten sie einen Johann Strauß zur Welt und der kümmerte sich um das Problem. Seitdem fanden in der Alpenrepublik Musik und Tanz gleichzeitig statt. Diese Kombination nennt man fachmännisch einen Ball. Früher, als man noch keinen Serotoninblocker erfunden hatte, war der Schlachtruf »Alles Walzer« das beste Antidepressivum weit und breit. Es wurde am liebsten im Winter verabreicht, wo bekanntlich die meisten potenziellen Selbstmörder herumlaufen. Verspürte also zum Beispiel ein bankrotter Graf im 19. Jahrhundert das Bedürfnis, sich in die schöne blaue Donau zu stürzen, drehte er stattdessen ein paar Runden Walzer und war wieder wie neu. Im 21. Jahrhundert, wo alle auf Tabletten umgestiegen sind oder einen Psychologen zum Freund haben, veranstaltete man Bälle zu einem ganz anderen Zweck.

Meine Nachbarin Frau Milchpeter riet mir daher, unbedingt einen bestimmten Ball im Fernsehen anzu-

schauen. Ich würde in zwei Stunden mehr über Österreich erfahren, als wenn ich fünf Jahre lang an der Uni
alles zum Thema Austria studiert hätte.

Auf meinen Einwand, dass eine Opernballüber-
tragung kein *James Bond*-Film wäre und ich bereits
in den ersten Minuten ins Schlafkomma fallen würde,
sagte sie nur: »Da irren Sie sich, so wie ein Banause
sich nur irren kann. Wenn Sie den Opernball sehen,
werden Sie noch tagelang unter Schlaflosigkeit leiden.«

Also tat ich ihr den Gefallen und schaltete an einem
grauen Februarabend den Fernseher ein. Schon nach
ein paar Minuten wunderte ich mich wieder einmal,
wie weise meine Nachbarin war. Es fing damit an, dass
ich einer von sechs Millionen österreichischer Zuseher
war, die vor dem Bildschirm saßen (die abwesenden
zwei Millionen bestanden aus Teenagern, die gerade
im Internet verloren gingen, und Emigranten, die
gerade am Fließband schufteten). Diese sechs wach
gebliebenen Millionen Österreicher (ich zählte mich
ausnahmsweise dazu) schauten fünftausend Auser-
wählten zu, die in Frack und Abendrobe in die Oper
strömten. An diesem besonderen Tag wurde nämlich
das gesamte Land wie eine Torte in zwei ungleiche
Stücke geschnitten. Die einen aßen Chips vor dem
Fernseher und starben vor Neid, während die anderen
ihre Plätze in den Opernlogen einnahmen, Prosecco
schlürften und sich nach allen Seiten umsahen, ob sie
auch ja bemerkt wurden.

Zu sehen gab es wirklich allerhand. Erstmal eine
Menge heimischer Prominenz aus Kultur und Politik,

darunter Moderatorinnen und Schauspielerinnen, die, sobald sie ihren Vierziger hinter sich gebracht hatten, jeden Tag jünger wurden. Des Weiteren fesche Herren wie Manager oder Fußballmoderatoren, die mit einem Dreitagebart »ganz schön fetzig« rüberkamen und immer wieder zufällig ins Bild stolperten. Ganz zu schweigen von alten, solariumbehandelten Greisen, die einmal zu oft *Pretty Woman* gesehen hatten. Sie saßen mit einer sechzig Jahre jüngeren Blondine in der Loge und hofften, dass diese auch noch an ihrer Seite sein würde, wenn der Opernball vorbei wäre. Einer davon war ein stadtbekannter Baumeister, wie man in Österreich einen Maurer mit Diplom bezeichnete. Er lud regelmäßig für großes Geld eine abgetakelte Hollywoodaktrice ein, um ihr bei einem vertraglich zugesicherten Tanz Komplimente ins Gesicht zu lallen.

Damit das Volk vor dem Fernseher möglichst viel von diesem Spektakel hatte, schickte man Journalisten mit Kameras aufs Parkett, die Interviews von lokalen Starlets oder Filmproduzenten einholten. Während am Parkett unterernährte Balletttänzerinnen »majestätisch der Gravitation trotzten«, erfuhr der einfache Mann, dass das Kleid seiner Lieblingskommissarin aus dem *Tatort* sein Jahresgehalt überstieg oder sein Lieblingsfußballer schwul war.

Zum Schluss wurde der Opernball mit einer Kamerafahrt durch die müden Gesichter der Reichen und Schönen abgerundet, von denen manche inzwischen derart angegriffen aussahen, als bräuchten sie dringend ärztliche Betreuung. Gegen 3 Uhr in der Nacht wurden die Kameras schließlich abgeschaltet, die Proseccos in einem Zug ausgetrunken und beide Tortenstücke gingen gemeinsam, wenn auch nicht zusammen, ins Bett.

Zwei überaus magische Momente

Wenn man so unmusikalisch und reserviert gegenüber der »Klassik für Fortgeschrittene« war wie ich, hieß es noch lange nicht, dass man nicht einen magischen Musikmoment erleben konnte. Im Gegenteil. Alles, was man dazu tun musste, war, in die Stadt zu gehen und die Augen offen zu halten. Eines Abends wurde ich in der Innenstadt Zeuge einer bemerkenswerten Szene. Ein fremdländisches Musikantentrio hatte sich so geschickt zwischen einem McDonald's und einem Zara-Geschäft positioniert, dass jeder, der vorbeiging, langsamer werden und sogar kurz stehen bleiben musste. Dadurch entstand ein künstlicher Stau, so als hätte dieses Trio das Publikum mit seinen Klängen in seinen Bann gezogen. Ob die Klänge wirklich magisch waren, konnte ein Banause wie ich unmöglich beurteilen, aber dafür reichte mir nur ein Blick, um zu erkennen, dass diese Musikanten aus der Gegend von Zakopane kamen. Diese schnucklige Stadt in den polnischen Bergen war vor allem für zwei Dinge bekannt: den Touristen das Geld so geschickt aus der Tasche zu ziehen, dass sie nur ein angenehmes Kitzeln in der Brieftaschengegend verspürten. Und sehenswerte Kunststücke mit einer Wodkaflasche anzustellen, sobald diese offen war. Das Trio aus Zakopane beherrschte beides.

Zwei leicht angetrunkene Musikanten fiedelten auf ihren Geigen, während der dritte die Runde machte und das Geld von den Zuschauern einsammelte. Alles ging seinen gewohnten Gang, bis plötzlich etwas Unerwartetes passierte. Einer der Musikanten, ein Individuum mit einem langen unhygienischen Bart und den Pranken eines Yetis, stimmte ein Lied an. Es war eine alte polnische Weise, die Mütter ihren Kindern vorsangen, um sie in den Schlaf zu wiegen. Er sang ziemlich schlecht, konnte aber trotzdem das Lied nicht umbringen. Ich erstarrte schon nach den ersten paar Takten zur Salzsäule, weil ich schon als Kind mit dieser Melodie derart konditioniert worden war, dass mir automatisch die Augen zufielen. Doch dann bemerkte ich etwas, was mich schlagartig wach werden ließ: Zwei alte Damen in Abendgarderobe, die anscheinend zur neuesten Premiere der *Tosca* in die Wiener Oper unterwegs waren, blieben plötzlich stehen und lauschten dem Lied, als hätten auch sie eine polnische Kindheit hinter sich. Man musste ihre Gesichter sehen. Es war, als hätte jemand für einen kurzen Moment eine Tür aufgemacht und sie frischer Luft ausgesetzt. Und jetzt wussten sie nicht, worüber sie mehr staunen sollten: Darüber, wie bizarr sich diese frische Luft anfühlte, oder wie sie es so lange ohne sie ausgehalten hatten?

Unterdessen ging alles seinen gewohnten Gang. Der Sänger sang. Der Flötenspieler sammelte das Geld ein. Hinter uns rauschte die Straße. Und die beiden Damen standen weiter da, als wollten sie den Rest ihres Lebens hier verbringen. Plötzlich spürte ich einen schmerzlichen Stich. Wie sehr ich mich auch anstrengen würde, ich würde niemals jemanden mit einem Instrument so in den Bann schlagen. Mein Platz war, vor einer Tür zu stehen und zu lauschen. Einer Tür, zu der ein betrunkener Yeti aus Zakopane einen Gratisschlüssel bekommen hatte, mit dem er mühelos jedes Musikherz, das ihm in die Hände fiel, öffnete. Ganz zu schweigen von dessen Brieftasche.

Der andere magische Moment spielte sich vor einer der berühmtesten Musikinstitutionen Österreichs ab: dem Musikverein in Wien. Ich war wieder mal mit dem Rad unterwegs, als ich beschloss, eine kleine Rast einzulegen. Ich stieg herunter und setzte mich auf die Stufen dieses ehrwürdigen Hauses. Von dieser Stelle aus hatte man einen freien Blick auf den Resselpark, den ich aus einem unerfindlichen Grund mochte. Plötzlich öffnete sich die Tür hinter mir und ein älterer Herr kam heraus. Er sah aus wie ein Buchhalter, der gerade eine kurze Mittagspause einlegte. Er setzte sich nicht weit von mir und zündete sich eine Zigarette an. Dann machte er eine Handbewegung, die die umliegenden Gebäude miteinschloss, und sagte halb zu sich selbst, halb zu mir: »Es ist nicht leicht, in dieser Stadt in die Ferne zu schauen. Finden Sie nicht?«

Er hatte einen eigenartigen Akzent. Wie Tewje, der Milchmann aus *Anatevka*.

»Deshalb schaue ich nie weiter weg als auf meine Füße«, versuchte ich möglichst geistreich zu antworten.

Der Mann drehte sich zu mir um und betrachtete mich genauer: »Sind Sie wegen der Karten für die Abendvorstellung hier?«, fragte er.

»Überhaupt nicht. Ich sitze nur so da.« Ich zeigte auf den Musikverein hinter mir und fügte hinzu: »In dieses Monster gehe ich sicher nicht freiwillig hinein. Da muss man mich schon mit Gewalt hineinschleppen.«

Meine gespielte Abneigung gegen den Musikverein amüsierte ihn aus irgendeinem Grund.

»Warum? Mögen Sie keine Musik?«

»Schon. Aber bestimmt nicht genug, um sich um einen Platz zu prügeln.«

Er nickte ein paar Mal, als hätte etwas von meinem Geplapper einen Nerv bei ihm getroffen.

»In diesem Fall hätte ich eine perfekte Lösung.« Er holte aus seiner Jackentasche eine CD heraus und reichte sie mir. »Hier, für Sie«, sagte er, »damit Sie auch in Zukunft dieses Haus erfolgreich meiden können.«

Ich nahm die CD entgegen und bedankte mich. Es war bestimmt eine von diesen Werbe-CDs, die der Musikverein in Massen produzierte, um Abonnenten zu ködern. Er hatte bestimmt noch zehn davon in der Tasche.

»Genießen Sie die Aussicht«, sagte der Mann zum Abschied und ging wieder hinein. Als ich allein war, drehte ich die CD um, um die Rückseite zu begutachten.

Dort war ein Foto, auf dem ein Dirigent sich mit sonderbar konzentriertem Gesicht über sein Orchester beugte. Ich musste zwei Mal hinschauen. Es war der alte Mann von gerade eben. Nur ohne Zigarette und in einem Frack. Darunter stand in roten Buchstaben: »Leonard Bernstein dirigiert Chopin«.

Was geschah am helllichten Tag
in Langenlois?

Dank Maestro Bernstein begriff ich schlagartig, warum Chopin nach Geldmangel die zweithäufigste Selbstmordursache unter polnischen Emigranten war.

Bereits nach der ersten Chopin-Polonaise verfiel ich in einen Zustand, den man als slawische Melancholie bezeichnet. Sie übertrifft an Intensität sogar die skandinavische, die bekanntlich jährlich Tausende Finnen, Norweger und Schweden dazu bringt, von ihren sehenswerten Fjorden herunterzuspringen. Sie musste umgehend verarztet werden. Und zwar mit Wodka, wie man das in meiner Heimat schon seit der Steinzeit praktizierte. Der Haken war, dass ich Wodka nicht ausstehen konnte. Ich sah einmal zu oft, was er mit slawischen Melancholikern am nächsten Tag anrichtete. Am Vortag konnten sie noch mit Leichtigkeit einen Tisch mit bloßer Hand heben und drei Frauen gleichzeitig die Ehe einreden. Aber am Tag danach verwandelten sie sich in jammernde und herumtorkelnde Waschlappen, die unter größter Mühe einen Löffel an den Mund führten und felsenfest behaupteten, dass der Wodka-Katzenjammer keine Strafe, sondern ein slawisches Schicksal wäre. Da ich weder an dem einen noch an dem anderen interessiert war, beschloss ich auf österreichischen Wein auszuweichen. Der österreichische Katzenjammer kam mir ohnehin um einiges eleganter als der slawische vor. Niemand übergab sich dabei und wenn, dann so diskret, dass der Betroffene es selber gar nicht merkte. Randaliert wurde noch weniger, und wenn, dann ohne Zuhilfenahme solcher Utensilien wie Hackmesser, Vorschlaghammer oder Zaunlatten.

Alles, was ich tun musste, war, mir eine Flasche Wein zu besorgen. Das gehörte in Österreich zu den Dingen, die man nicht als kompliziert bezeichnen konnte. Im Gegenteil. Es war hier leichter, an Wein zu kommen, als sich inmitten von Grippekranken Schnupfen zu holen. Der Wein war wie ein Wundervirus, dem nicht einmal das berüchtigte Corona das Wasser reichen konnte. Es hatte jeden Supermarkt, alle Tankstellen, ganz zu schweigen von den Kneipen und Restaurants im Land, unter Kontrolle gebracht.

Einmal sah ich in der Innenstadt sogar ein Fleischhauergeschäft, wo jeder beim Kauf eines Schnitzels gezwungen wurde, ein Gläschen zu kippen. Gleich daneben war ein Friseur, wo man überhaupt nichts tun musste, um eine Weinkostprobe zu bekommen. Der Wein wurde in allen möglichen Aggregatzuständen ausgeschenkt. Es gab Wein in Zimmertemperatur, eisgekühlten Wein und Wein, der einen verbrühen konnte. Aber egal, in welchem Zustand er eingenommen wurde, man hatte immer den Eindruck, Wein sei gleich nach Blut die begehrteste Substanz, die man in der Natur vorfand. Sogar im Fernsehen rieten Fachärzte dem Volk zum Weinkonsum mit dem Argument, dass Wein unter gewissen Umständen gesünder als Wasser wäre.

Das Einzige, was mich abhielt, sofort zur Flasche zu greifen, war, dass ich meine Weinunschuld nicht allein verlieren wollte. Ich brauchte die Gesellschaft eines Saufkumpans. Es musste nicht mal ein Landsmann sein, es hätte auch ein Pygmäe sein können, Hauptsache, ich hätte jemanden zum Mitanstoßen. Am besten wäre klarerweise ein Österreicher, aber die einzigen Österreicher, die infrage kamen, waren meine Nachbarinnen Frau Milchpeter und die Grafikerin Ines. Leider waren beide wegen ihrer ständig davonlaufenden Katzen in einen diskreten Frauenalkoholismus verfallen, der dazu führte, dass sie ausschließlich Marillenliköre und ähnliche Unmöglichkeiten tranken.

Zum Glück war das Universum an meiner Weintaufe genauso interessiert wie ich und griff mir von selbst unter die Arme. Eines Tages meldete sich nach längerer Pause mein alter Bekannter Marek bei mir. Unser Telefongespräch war, wie bei Slawen üblich, kurz, aber informativ.

»Wie geht's dir?«, fragte Marek.

»Nicht gut. Ich habe kürzlich Chopin gehört.«

»Wie oft?«

»Zwei Mal.«

Einen Moment lang herrschte Stille im Hörer.

»Du kommst morgen zu mir und ich verabreiche dir was dagegen.«

»Aber ich kann Wodka nicht ausstehen.«

»Wer redet von Wodka? Wir nehmen die hiesige Medizin. Außerdem werden noch ein paar andere Patienten kommen.«

»Wann soll ich da sein?«

»Um 17 Uhr. Und eins noch. Ich wohne jetzt in Langenlois. Das ist eine Stunde von Wien entfernt.

Nimm unbedingt den Zug und bring die Zahnbürste mit.«

»Wieso die Zahnbürste?«

»Vertrau mir. Bis dann«, er legte auf. Die letzte Bemerkung verwirrte mich kurz. Warum sollte ich meine Zahnbürste mitbringen? War dieses Langenlois etwa ein Gefängnis?

Aus dem Tagebuch einer Weinjungfrau

Da dieser außergewöhnliche Tag meiner Heilung zu jenen zählt, an die ich mich noch erinnern werde, wenn ich in den berühmten Tunnel mit dem weißen Licht eintrete, habe ich für die Nachwelt alles in einem gesonderten »Tagebucheintrag« festgehalten.

Als ich an diesem lauen Nachmittag am Bahnhof Langenlois ausstieg, deutete nichts auf ein Gefängnis hin. Im Gegenteil. Langenlois war ein hübsches kleines Städtchen, in dem die Zeit stehen geblieben war. Ringsum Weinberge, frische Luft und angenehmes Wetter. Nur mit den Einwohnern stimmte etwas nicht. Als ich einen Mann, der mit einem Hund Gassi ging, nach der Adresse von Marek fragte, grinste er mich an, ohne dass ein Ton aus seinem Mund kam. Ein paar Meter weiter kicherte mich eine Frau um die fünfzig grundlos an. Die dritte Person schüttelte mir unerwartet die Hand, um sie genauso plötzlich wieder loszulassen. Ich war in einem Dorf voller Kretins gelandet.

Auf dem Hauptplatz klärte sich das Rätsel endlich auf. In der Mitte des Platzes stand das größte Weinfass, das ich je gesehen hatte. Es hatte eine Tür wie zu einem Haus, in dem immer wieder Leute verschwanden. Als sie wieder herauskamen, hatten sie plötzlich dieses seltsame Grinsen im Gesicht sowie massive Gleichgewichtsprobleme. Die ganze Stadt war sternhagelvoll.

Zum Glück fand ich das Haus von Marek von selbst. Kaum drückte ich die Klingel, öffnete sich schon die Tür.

»Willkommen im besten Krankenhaus der Stadt«, begrüßte er mich und warf einen wachsamen Blick auf die Straße. »Ich dachte, du wärst schon auf dem Weg hierher verloren gegangen«, murmelte er. »So was passiert hier ständig. Komm herein. Ich stelle dich den anderen Patienten vor.«

»Slawische Patienten?«, erkundigte ich mich.

»Österreichische. Niemand ist schließlich aus Beton.«

Marek führte mich in einen großen Salon, in dessen Mitte ein brauner Mahagonitisch thronte, auf dem mehrere Weinflaschen standen. Um den Tisch herum saßen drei Paare mittleren Alters, die einen sympathischen, wenn auch keinen sonderlich nüchternen Eindruck machten. Keiner von ihnen sah krank aus.

Marek stellte mich vor: »Das ist mein Kumpel aus der Zeit, als wir noch arm waren. Er hat sich neulich eine schwere slawische Krankheit eingefangen, bei der ich ihm versprochen habe zu helfen.«

Es war mir peinlich, dass er gleich alles öffentlich ausgeplaudert hatte, aber ich machte mir umsonst Sorgen. Ein Mann mit einem Mondgesicht, in dem zwei blutunterlaufene Augen schwammen, grinste mir freundlich zu: »Da bist' bei uns goldrichtig, Bürschchen. Der Mensch besteht nun mal aus 70 Prozent H_2O und anderen Mikroelementen, die hin und wieder Auslauf brauchen. Stimmt's?«, wandte er sich an die ganze Runde, die mit energischem Kopfnicken zustimmte.

Ich nickte abwartend, denn meine Intuition sagte mir, dass die Vorstellung meiner Person noch nicht vorbei war.

»Wo kommen Sie denn eigentlich her?«, fragte mich eine Frau mit einem Dekolleté, das Verbrennungen dritten Grades erlitten hatte, und taxierte mich von oben bis unten.

»Aus Polen. Genau wie Marek.«

»Ohoho. Ein würdiger Gegner, meine Herrschaften«, lachte die ganze Runde. Marek brachte sie mit einer Geste zum Schweigen wie ein Dirigent.

»Macht euch keine Hoffnungen. Er ist noch Weinjungfrau.«

»Dann werden wir heute eine Heilung und eine Entjungferung gleichzeitig vornehmen. Haben wir ein Glück«, rief der Mann mit dem Mondgesicht und wieder lachten alle.

Marek legte die Hand auf meine Schulter und sagte so laut, als spräche er zu einem Tauben: »Wir haben uns heute deiner Krankheit zu Ehren was Spezielles einfallen lassen. Das nennt sich Blindverkostung. Also nimm Platz und genieß die Show.«

Ich setzte mich zwischen den Mann mit dem Mondgesicht und die Frau mit den Verbrennungen dritten

Grades, die mir zuflüsterte: »Es geht gleich los. Halten Sie sich irgendwo gut fest.«

Die Blindverkostung war das Albernste, was ich je sah. Zuerst goss Marek jedem Gast ein Glas Wein ein. Aber gerade so wenig, dass es für einen Schluck reichte. Dieser Schluck wurde vorsichtig von den Gästen in den Mund genommen. Anschließend wurde damit gegurgelt und geschmatzt. Alle verdrehten dabei die Augen, bis einer einen tiefen Seufzer von sich gab und so etwas sagte wie: »Exzellente Gaumenverteilung. Kräftiger Abgang. Also wenn ihr mich fragt, eindeutig Südhang 99.«

Die anderen nickten darauf oder widersprachen, je nachdem. Alle machten dabei ein Gesicht, als würden sie im Kopf die Relativitätstheorie durchgehen.

Am Ende legte Marek das Etikett frei und ein Raunen ging durch den Raum, als hätte er keine Flasche, sondern eine nackte Frau enthüllt. Dann kam die nächste Flasche dran und so ging das weiter und weiter.

Da ich ein Neuling war, musste ich praktisch nichts tun, außer an meinem Glas zu nippen. Alle waren sehr zuvorkommend. Hin und wieder beugte sich jemand zu mir und fragte mich, ob man tatsächlich schneller einen Schlaganfall kriegt, wenn man Wodka im Stehen trinkt, und ob mir klar wäre, dass der Wein schon mehr Menschenleben gerettet hatte als das Rote Kreuz.

Weiters erfuhr ich, dass man eine Zweigeltsorte in Kambodscha als Wahrheitsserum verwendete und dass Österreich beim Alkoholkonsum fünf Plätze vor Polen lag. Froh, dass ich in so einer gebildeten Runde gelandet war, öffnete ich meinen Schnabel schließlich nur noch des Weines wegen. Der Wein war wirklich gut, Südhang hin, Großglockner her. Irgendwann nutzte ich einen Moment allgemeiner Unaufmerksamkeit und angelte mir eine verwaiste Flasche vom Tisch. Ich stellte sie diskret neben meinem Sessel ab und bediente mich daraus. Inzwischen lief die Blindverkostung auf Hochtouren, bis sie ihren Höhepunkt erreichte. Marek kündigte die Krönung des Abends an, und zwar einen ganz besonderen »Grünen Veltliner Smaragd«. Als man ihn aber präsentieren wollte, stellte sich heraus, dass er plötzlich unauffindbar war. Marek sah in der Küche, im Salon und sogar im Bad nach. Aber die Krönung des Abends war wie vom Erdboden verschluckt. Plötzlich zeigte der Mann mit dem Mondgesicht unter meinen Sessel und rief: »Da ist ja unser Sorgenkind.« Erleichtert schnappte er sich die Krönung des Abends. Aber als er daraus allen eingießen wollte, kam kein Tropfen heraus: Es wurde mucksmäuschenstill im ganzen Raum. Sechs verblüffte Augenpaare richteten sich auf mich. Das Augenpaar von Marek nicht mitgerechnet, weil er gerade vor Entsetzen die Augen schloss. Erschrocken über das, was ich angerichtet hatte, griff ich nach der letzten Salzstange auf dem Tisch und stopfte sie mir in den Mund. Eine typische Kurzschlusshandlung in meiner Familie, wenn man etwas Verbotenes angestellt hat. Und während ich mich auf das Schlimmste vorbereitete, passierte etwas Unerwartetes.

Der Mann mit dem Mondgesicht lachte plötzlich und zeigte demonstrativ auf mich: »Darf ich vorstellen, meine verehrten Kollegen. Der erste Patient, der sich selber besser verarztet hat, als wir es je geschafft hätten. Schon allein deshalb sollten wir das Kriegsgericht für heute vergessen.«

Die anderen lachten ebenfalls und die Frau mit dem verbrannten Dekolleté flüsterte mir sogar zu: »Sie sollten öfter bei uns vorbeischauen. Sie haben Talent.«

Ich nickte erleichtert, als ich plötzlich etwas Merkwürdiges spürte. Mit meinem Magen passierte etwas Seltsames. Etwas hatte ihn gepackt und fing an, ihn langsam gegen den Uhrzeigersinn zu drehen. Ich rang mir ein Lächeln ab und schnappte nach Luft.

»Kommt es mir nur vor oder ist er plötzlich grün?«, zeigte auf einmal die Frau mit dem verbrannten Dekolleté auf mich.

»Eher graugrün«, korrigierte sie ihre Nachbarin und verkündete laut, »unser Gast sieht nicht sonderlich gesund aus, wenn ihr mich fragt.«

Das stimmte. Ich fühlte mich tatsächlich nicht gesund. Sogar sehr ungesund. Ich stand mit Mühe auf und begann mich zwischen den Gästen hinauszukämpfen. Bei jedem zweiten Schritt sagte ich immer wieder »Entschuldigung, Entschuldigung«, bis mir plötzlich jemand unter die Arme griff. Es war Marek, der mich im letzten Moment daran hinderte, mich auf seine sündteure Biedermeier-Vitrine zu setzen. Er führte mich ins Nebenzimmer und legte mich auf eine Couch. Das nannte man in Langenlois einen kräftigen Abgang.

Während ich nach Atem rang, betrachtete mich Marek aufmerksam wie ein Arzt, der gerade an einem Patienten ein neues Medikament ausprobiert hatte.

»Sieht aus, als hättest du dich gerade selber geheilt«, sagte er.

»Warum kann ich dann meine linke Hand nicht mehr bewegen?«, stammelte ich.

»An der Dosis müssen wir noch arbeiten. Man trinkt nicht eine ganze Flasche in einer halben Stunde aus. Das machen nur Alkoholiker.«

»Das fehlte noch. Ich sterbe also nicht nur, ich sterbe auch noch als Alkoholiker. Ich bin wirklich der letzte Idiot. «

»Das sehen die Leute im Salon anders. Du hast sie sehr beeindruckt. Und mit etwas Glück wachst du morgen als neuer Mensch auf.«

Ich zweifelte daran. Ich spürte eine sonderbare Lähmung, die sich von meiner linken Hand auf den ganzen Körper ausbreitete. Sie würde gleich mein Mundwerk befallen, also musste ich mich beeilen.

»Noch dazu habe ich dir den ganzen Abend vermasselt. Wie kann ich dieses Schlamassel wiedergutmachen?«, stammelte ich.

»Das hast du bereits. Ich suche schon seit Monaten den perfekten Polenwein, den ich in die Heimat exportieren kann. Und du hast ihn gerade gefunden.«

»Gern geschehen«, rang ich mir ein Lächeln ab, »wenigstens ist mein Tod nicht umsonst gewesen.«

Plötzlich drehte sich alles um mich und ich hatte gerade noch die Kraft zu sagen: »Begrabe mich neben Chopin. Und wenn nicht, dann zumindest neben Mozart.«

Dann stürzte ein schwarzer Granitblock auf das erste polnische Testobjekt, das an diesem freundlichen Nachmittag mit einer Zahnbürste bewaffnet in Langenlois gelandet war, um die slawische Melancholie mit österreichischem Wein zu behandeln.

Entgegen meiner Befürchtungen wachte ich am nächsten Tag nicht nur wieder auf, ich spürte auch lediglich einen minimalen Kater. Sobald ich meinen Körper halbwegs unter Kontrolle hatte, humpelte ich zum Fenster und sah hinaus. Beim Anblick des Weinberges wurde mir kurz übel, aber ansonsten fühlte ich mich wie ausgewechselt. Meine slawische Melancholie war auf einmal verschwunden. Und das war nicht alles. Je länger ich da stand und auf den Weinberg starrte, desto klarer wurde mir, dass ich nichts dagegen hätte, wieder herzukommen und mich noch mal heilen zu lassen. Schließlich lebt man nur einmal, wie die Leute gestern nach ein paar Gläsern wiederholten. Dass das Leben allerdings mehrmals gerettet werden kann, weiß nur ein geübter Melancholiker. Später fand ich sogar in einem Lexikon die wissenschaftliche Bestätigung dafür. Dort stand schwarz auf weiß: Alles Leben ist Chemie. Jedenfalls in Langenlois.

Todesspinat und Selbstmordtomaten

Irgendwann kommt für jeden Forscher in der Fremde ein entscheidender Punkt. Er stellt sich eine Frage, die die Einheimischen niemals verstehen werden. Soll er sich mit dem Gegenstand seiner Forschung anfreunden, ja sogar verschmelzen oder soll er weiter seine Heimat im Verborgenen pflegen und für den Rest seines Forschungsauftrags zwischen zwei Stühlen sitzen? Sich fürs Erste zu entscheiden, ist wie eine Heirat mit jemandem, der einen zwar gut kennt, aber nie hundertprozentig verstehen wird.

Ich wusste nicht, wie andere Fremdlinge diese Verschmelzung vorantrieben, aber bei mir konnte es nur auf eine Art klappen. Ich musste ein paar handfeste Gemeinsamkeiten mit den Einheimischen finden. Und die sollten über übliche kulturelle Ähnlichkeiten hinausgehen, wie das Beichten am Sonntag in der Kirche oder Gabel und Messer bei der Nahrungsaufnahme zu verwenden. Langenlois war schon mal ein guter Anfang. Abgesehen davon, dass man mich in wenigen Stunden von slawischer Melancholie geheilt hatte, wurde mir dort gründlich beigebracht, dass Österreicher und Polen aus 70 Prozent Wasser und anderen Mikroelementen bestanden, die öfter eine Zweckehe mit dem Alkohol eingingen. Trotzdem trennte uns noch immer mehr, als uns verband. Die Österreicher fuhren zum Beispiel Ski auf Teufel komm raus und bewältigten alle möglichen Hindernisse mit einem »Schau ma mal, dann wer ma sehen« auf den

Lippen. Bei Katastrophen und anderen Widrigkeiten, wo man aufstehen und protestieren musste, setzten sie sich lieber ins Kaffeehaus und öffneten den Mund nur einer Melange wegen. Meine Landsleute hingegen fuhren das Auto auf Teufel komm raus, oder genauer gesagt auf Engel komm raus, und protestierten, noch bevor sie wussten, worum es ging.

Also machte ich mich auf die Suche nach einer weiteren Gemeinsamkeit, die meine Forschungsarbeit oder, wie man es hier nannte, meine Integration vorantreiben würde.

Eines Tages belauschte ich in der Straßenbahn ein Gespräch zwischen zwei Pensionisten, das mich aufhorchen ließ. Die beiden tauschten sich gerade über ihre neuesten Leber- und Prostatawerte aus, was einem ein originelles Geständnis entlockte.

»Wenn der Tag kommt, an dem ich zwei Stunden lang pinkeln muss, kaufe ich mir einen Revolver und beende es wie ein Mann«, informierte er seinen Kumpel. »Aber vorher mache ich mir einen Jux. Ich rufe die Polizei an und sage: Kommen Sie schnell! In meiner Wohnung liegt ein toter Mann und sieht aus wie ich.«

Der andere Mann freute sich diebisch über die Idee seines Kumpels und erwiderte: »Und ich lasse mich in einer dieser neuartigen Bio-Urnen begraben. Ich habe mein ganzes Leben Schweinefleisch gegessen und habe nie die Grünen gewählt. Aber irgendwann muss man sich bessern, stimmt's?«

Es kam mir vor, als hätte ich gerade einen starken, aber angenehmen Elektroschock gekriegt. Das Ganze hörte sich verdächtig vertraut an. Ein fast identisches Gespräch hatte ich vor Jahren in der Warschauer Buslinie »137« gehört.

»Greif dir nicht ständig an den Kopf, sonst bekommst du einen Hirntumor«, schimpfte eine Frau mit ihrem Ehemann, »und dann kriegst du von mir keine Marmorgrabplatte, sondern eine aus Plastik wie ein richtiger Verlierer.«

Es gab kein Land auf der Welt, wo man so gern über den Tod und Krankheiten redete, wie in Polen.

Und jetzt stieß ich in Österreich auf die gleiche Perversität. Nur ein paar Tage später ertappte ich wieder zwei Österreicher dabei. Diesmal zwei ältere Frauen, die über eine Bekannte scherzten, die beim Backen eines Gugelhupfs das Zeitliche gesegnet hatte. Tags darauf belauschte ich zwei Gärtner im Stadtpark, die bis aufs Blut stritten, ob der Zentralfriedhof oder der Ottakringer Friedhof als »Endstation« bequemer wäre. Plötzlich hagelte es von überall weitere Beweise und ich kam mir vor, als wäre ich wieder zu Hause.

Im Fernsehen zeigte man einen Mann aus einem Ort namens Mürzzuschlag, der in einem selbst gebastelten Sarg schlief, wodurch er nicht nur seine Schlafstörungen, sondern auch seine Eheprobleme mit einem Schlag beseitigt hatte. Ein Koch nannte in einer Sendung sein erfolgreichstes Gericht »Todesspinat mit Selbstmordtomaten« und outete sich damit, dass die beste Petersilie auf Gräbern des Ottakringer Friedhofs wuchs, »weil dort nicht so viele Prominente liegen«.

Froh, endlich die ersehnte Gemeinsamkeit gefunden zu haben, begann ich als Nächstes herumzurätseln, warum zwei so unterschiedliche Nationen ausgerechnet so vernarrt in den Tod waren.

Konnten sie nicht stattdessen wie die Italiener den ganzen Tag lachen und dabei eine Pizza essen? Oder wie die Deutschen den nächsten Motor für das neueste »BMW«-Modell erfinden? Die Antwort darauf zu finden war nicht nur wie einen Schlüssel zu zwei unterschiedlichen Schlössern zu bekommen. Das war auch die gründlichste Art einer Verschmelzung mit seinem Untersuchungsobjekt, die sich ein Forscher vorstellen konnte.

Ich befragte als Erstes die Wissenschaft, die bereitwillig Auskunft gab. Die Philosophie meinte: »Über den Tod zu reden ist pure Selbstverteidigung. Je mehr man ihn beim Namen nennt, umso mehr verliert er von seiner Macht.«

Die Psychologie hingegen sagte: »Der Mensch ist ein materielles Wesen, das seit seiner Geburt bereits zerfällt. Dieser Zerfall meldet sich auf diese Art zu Wort.«

Sogar die Literatur hatte etwas beizusteuern: »Schließlich kann man nicht die ganze Zeit nur Sex haben und saufen«, sagte ein tschechischer Schriftsteller, »man muss das Leben auch mit etwas Sinnvollem ausfüllen. Warum nicht mit dem Gerede über den Tod?«

Obwohl mir alle drei Erklärungen einleuchteten, etwas fehlte mir noch. Das Tüpfelchen auf dem Todes-i, wenn man so will. Ich weiß nicht, wie lange ich herumgesucht hätte, hätte der Zufall nicht wieder nachgeholfen.

Eines Tages war ich in der Innenstadt, um meinen obligaten Zuckerschock zu erleben, als etwas Ungewöhnliches passierte. Ich ging auf gut Glück in das erstbeste Kaffeehaus hinein und bestellte einen Mohr im Hemd mit einer Melange. Dabei fiel mir ein Nachbartisch auf, wo mehrere Leute zusammensaßen. Sie konnten nicht unterschiedlicher sein. Zwei elegante Damen in Perlenketten, drei Männer mittleren Alters, eine Frau mit einer Sturmfrisur und zwei Teenager. Zuerst lauschte ich nur mit einem Ohr hin, wurde dann aber schnell hellhörig. Die ganze Runde überschlug sich geradezu dabei, eine möglichst makabre Geschichte zu erzählen.

Der Mann im Holzfällerhemd, der von Beruf U-Bahnfahrer war, tischte eine Geschichte von einem jungen Selbstmörder auf, der sich unter die U-Bahn geworfen hatte: »Der Typ muss aus Metall gewesen sein«, sagte er, »er hatte nur einen Armbruch und einen verrenkten Knöchel. Dafür sind aber zwei Fahrgäste in den Himmel gefahren, weil das Herz es nicht ausgehalten hat.«

Die anderen nickten anerkennend, und als Nächstes legte eine alte Dame nach und erzählte über ihren Nachbarn, der sich den Kopf weggeschossen hatte.

»Und stellen Sie sich vor«, schloss sie mit einem verschmitzten Lächeln, »obwohl er keinen Kopf hatte, mit dem er etwas lesen konnte, bekam er trotzdem noch regelmäßig Kaufhauskataloge zugesandt.«

Die Runde lachte leise und dann übernahm jemand anderer das Reden. Jeder hatte etwas Makabres beizutragen. Je länger es dauerte, desto weniger hörte ich hin und beobachtete umso mehr. Inzwischen hatten sich langsam interessante Konstellationen unter den Zuhörern herauskristallisiert. Der U-Bahnfahrer war ganz nah an die Frau mit der Sturmfrisur herangerückt und legte ihr immer wieder die Hand auf das Knie, ohne dass sie protestierte. Die beiden Teenager, die anfangs noch mit ihren Handys herumgespielt hatten, schauten nur noch bewundernd von einem Erwachsenen zum anderen. Und die beiden älteren Damen, die altersmäßig am besten qualifiziert waren, sich mit dem »großen Bruder des Schlafes« zu beschäftigen, fingen auf magische Weise an, zehn Jahre jünger auszusehen. In der ganzen Runde herrschte eine immer ausgelassenere Stimmung. Als sich der Tisch nach zwei Stunden gut gelaunt auflöste, winkte ich die Kellnerin heran.

»Diese Leute am Nachbartisch«, sprach ich sie an, »wer war denn das?«

»Was meinen Sie?«, fragte sie schnippisch, als hätte ich gerade ihre Familie beleidigt.

»War das eine Selbsthilfegruppe oder so?«

»Gott bewahre, nein!«, hellte sich ihr Gesicht auf, als sie merkte, dass ich ihre Gäste nicht beleidigen wollte. »Die kannten sich nicht einmal.«

»Jetzt stehe ich aber endgültig auf der Leitung«, staunte ich.

»Da sind Sie nicht der Erste und nicht der Letzte.«

Sie deutete mit einer breiten Geste, die das ganze

Lokal miteinschloss. »Darf ich vorstellen: Wir sind das erste offizielle Todeskaffeehaus der Welt. Und zwar jeden Dienstag ab 18 Uhr. Hier kann jeder kommen und, so viel er will, mit fremden Leuten über die letzten Dinge plaudern.«

Sie zückte ihren Kellnertaschenrechner: »Das macht 22 Euro fünfzig.«

»Eine letzte Frage. Warum tun die das eigentlich?«, ließ ich nicht locker.

»Schwierige Frage«, geriet die Kellnerin ins Grübeln. »Ich weiß nur eins: Wenn sie hierherkommen, sind sie oft schlecht gelaunt. Zwei Stunden später sind alle wie ausgewechselt. Das merkt man am Trinkgeld. Sie geben doppelt so viel wie die Tische, die über Urlaub oder Beziehungen reden.«

Ich gab ihr auch ein fürstliches Trinkgeld. Wieder allein, blickte ich hinüber zu dem Todestisch. Er sah aus wie eine Insel, auf der sich gerade noch ein paar Leute prächtig amüsiert hatten. Plötzlich hatte ich eine Geschäftsidee. Der österreichische Urlaubstourismus sollte diesen Tisch neben dem Stephansdom und der Kapuzinergruft unter seine größten Sehenswürdigkeiten aufnehmen. Mit folgendem Werbeslogan:

»Sind Sie frustriert oder lebensmüde? Kein Problem. Besuchen Sie unsere kleine Todesinsel jeden Dienstag ab 18 Uhr. Im Preis inbegriffen sind makabre Geschichten und Vergänglichkeitsdebatten. Gute Laune und Gedankenaustausch mit interessanten Menschen wird garantiert. Nach zwei Stunden sind Sie wie neu und bereit, dem Alltag wieder ins Gesicht zu sehen.«

Ich wusste nicht, ob das bei allen Touristen einschlagen würde, aber bei mir funktionierte es bereits erstklassig. So gut sogar, dass ich den Entschluss fasste, nächsten Dienstag persönlich daran teilzunehmen. Was tut man schließlich nicht alles, um die eigene Laune zu verbessern? Und außerdem – irgendwo musste ich diese bedeutende Gemeinsamkeit zwischen zwei so unterschiedlichen Völkern feiern.

Der ewige Geist der Pragmatisierung

In der österreichischen Bürokratie gibt es eine mysteriöse Vokabel. Sie lautet »Pragmatisierung« und umschreibt ein Privileg, das nur jene Beamten in Anspruch nehmen können, die eine bestimmte Dienstzeitgrenze überschritten haben. Von da an sind sie unantastbar wie seinerzeit Kaiser Franz Joseph, den erst der Tod von seinem Thron entfernte. Der Volksmund drückt es weniger zimperlich aus: »Drückst du als Beamter lange genug einen Sessel, dann wächst du eines Tages derart fest mit ihm zusammen, dass man dich nicht einmal mit einem Schweißbrenner entfernen kann.«

Es gibt aber auch eine zweite Pragmatisierung, die nichts mit der Bürokratie zu tun hat. Sie ist unsichtbar, aber dafür funktioniert sie überall. Kauft zum Beispiel jemand oft genug bei einem Obstverkäufer Äpfel, bekommt er eines Tages einen Apfel extra geschenkt. Lässt man sich regelmäßig die Haare beim selben Friseur schneiden, erhält man eines Tages eine Kopfwäsche gratis dazu. Früher oder später wird man in das Gedächtnis einer Person derart hineinpragmatisiert, dass sie einen schon von Weitem erkennt.

Das traf auch auf die Beamtin zu, die mir den Meldezettel besorgt hatte. Seit meinem ersten Amtsbesuch entspannte sich zwischen uns ein diskreter Faden gegenseitiger Pragmatisierung, der auf einem speziellen Tauschhandel beruhte. Ich besaß etwas, woran die Beamtin brennend interessiert war, und sie verfügte über einen Amtsstempel, der über meine Existenz entschied.

Brigitte, wie die Beamtin hieß, hatte eine Schwäche für jede Art von Klatsch, der die österreichischen Prominenten betraf. Wie es der Zufall wollte, sprang ich gelegentlich als Aufgießer in einer Prominentensauna ein, sodass ich diesbezüglich erstaunlich gut auf dem Laufenden war. Wollte sie zum Beispiel wissen, wie bestimmte Prominente im Adamskostüm aussahen, dann tat ich ihr den Gefallen. Sie drehte fast durch vor Freude, als sie erfuhr, dass ihre Lieblingsmoderatorin aus der *Zeit im Bild* enorme Cellulite hatte, und wurde wiederum nachdenklich, als sich herausstellte, dass ihr Lieblings-*Tatort*-Kommissar einen exorbitanten Bierbauch besaß. Durch dieses so geschaffene Vertrauen wurden zwischen uns Gespräche möglich, die über die üblichen trockenen Amtsdialoge hinausgingen. Trotzdem hätte ich nie gedacht, dass Brigitte jemals eine bestimmte Grenze überschreiten würde.

Nachdem ich sie bei einem meiner Besuche wie üblich mit einer Portion Klatsch versorgt und sie mir im Gegenzug einen Stempel auf die Aufenthaltsverlängerung gedrückt hatte, legte sie unerwartet die Hand auf meine und sagte: »Laufen Sie noch nicht weg. Ich habe mir in der letzten Zeit ein paar Gedanken über Sie gemacht und es gibt da eine Sache, die mir keine Ruhe lässt.«

»Eine Sache?«, ich zwang mich, nicht auf ihre Hand zu schauen, die wie ein schwerer Stein auf meiner lag.

»Wie lange kennen wir uns schon? Was glauben Sie?«, fragte sie.

»Ein Weilchen. Schwer zu sagen.« Ich wusste es nur zu genau.

»Vier Jahre und acht Monate«, sagte sie. »In dieser Zeit habe ich Sie als eine vielversprechende Partei kennengelernt. Sie haben einen Job und liegen auch sonst dem Staat nicht auf der Tasche. Kurzum. Sie sollten es versuchen.«

»Versuchen? Und was?«

»Sie wissen schon was.«

Ihre Hand klopfte auf meine. Es fühlte sich an wie Hammerschläge. Keine Macht auf der Welt würde mich dazu bringen, jetzt den Mund zu öffnen.

»Sie sollten mal daran denken, um die österreichische Staatsbürgerschaft anzusuchen«, half sie mir auf die Sprünge.

»Ich soll Österreicher werden?«, staunte ich.

»Also wenn aus Ihnen ein Österreicher wird, wird aus mir ein Vegetarier. Aber Sie könnten Österreicher auf dem Papier werden.«

Sie zählte auf: »Sie sind erstens noch relativ jung. Zweitens wurden sie noch nie bei etwas Kriminellem erwischt. Jedenfalls noch nicht. Und Sie sind relativ pünktlich. Damit schlagen Sie die meisten Anwärter um Längen.«

»Ja hätte ich denn überhaupt eine Chance?«

»Mit meiner Hilfe schon. Ich könnte Ihren Antrag an die richtigen Stellen weiterleiten.«

Sie blickte Richtung Fenster und sagte mehr zu sich selbst als zu mir: »Diese ganze Integration ist zwar ein riesiger Schwindel, aber hin und wieder müssen wir die Tür aufmachen und jemanden hereinlassen. Sonst laufen bei uns nur noch 90-Jährige herum, die nach ihrem Gebiss suchen. Das Land braucht hin und wieder eine Bluttransfusion.«

Sie sah wieder mich an. »Warum nicht auch von Ihnen? Schließlich müssen wir alle mal Kompromisse schließen. Also überlegen Sie es sich. Aber schnell. Wer weiß, ob ich nächste Woche noch so gut gelaunt bin.«

Sie zog ihre Hand endlich zurück und hielt den Finger hoch.

»Es gibt aber eine Bedingung. Nennen Sie mich neugierig oder meinetwegen penibel. Ich möchte, dass Sie mir einen ganz bestimmten Bericht schreiben. Und zwar händisch.«

»Und worüber?«

»Darüber, wie Ausländer über die Österreicher wirklich denken. Zum Beispiel, ob sie uns für tolerant oder ausländerfeindlich halten. Ich will die reine Wahrheit hören. Wehe, Sie schummeln dabei.«

»Von so einem Bericht habe ich noch nie gehört. Ist das Pflicht bei einem Staatsbürgerschaftsantrag?«

»Der ist nur für mich. Aber davon hängt ab, ob ich Ihren Antrag weiterleite oder nicht. Verstehen Sie?«

»Also ich weiß nicht, wann ich das hinkriegen soll. Ich muss im Moment den ganzen Tag in der Sauna arbeiten und ich habe noch zwei weitere Jobs. Ich bin todmüde, wenn ich nach Hause komme«, versuchte ich mich herauszureden.

»Bericht oder es läuft nichts«, sie klopfte wieder freundlich auf meine Hand. »Haben Sie noch Fragen?«

Ich hatte eine Menge Fragen. Aber ich war klug genug, den Mund zu halten.

»Nein. Keine im Moment.«

»Dann haben wir einen Deal«, nickte sie. »Ich höre von Ihnen. Und jetzt rufen Sie den Nächsten.«

Brigitte vertiefte sich wieder in ihre Papiere. So wie ich anfing, für sie zu existieren, so hörte ich auch schlagartig damit auf. Als ich den Raum verließ, war ich so perplex, dass ich vergaß, den Nächsten herein-zurufen. Ich wusste nicht, worüber ich mehr staunen sollte. Darüber, wie poetisch Brigitte plötzlich sein konnte, wenn es um das Wohl ihrer Heimat ging, immerhin hatte sie mich als »Bluttransfusion für das Land« bezeichnet. Oder wie gerissen sie war, mich zu einem Bericht zu zwingen, der ihr zeigte, wie ich über die Österreicher dachte. Ich trat auf die Straße und nahm einen tiefen Atemzug. Plötzlich spürte ich, wie der allgegenwärtige Geist der österreichischen Prag-matisierung mich langsam zu umfangen begann.

Österreicher raus aus Österreich

Ich bekam bereits schwere Hausaufgaben, als ich noch in der Schule war, aber die Aufgabe, die mir Brigitte stellte, schlug alles um Längen. Wie sollte ich ihr auf die Schnelle zusammenfassen, wie die Österreicher waren? Ich selber sah die Österreicher an einem Dienstag anders als an einem Samstag. Das liegt in der Natur des Fremden. Besonders Emigranten neigen dazu, ihre Meinung schnell zu ändern. Je nachdem, ob sie gerade eine Sozialhilfe bekommen oder vor einer Abschiebung stehen. Außerdem gibt es nichts Schwierigeres, als ein ganzes Land unter einen Hut zu bringen.

Dieses Kunststück gelang zwar immer wieder ein paar Genies aus der *Österreich*-Zeitung oder der FPÖ. Aber die Wahrheit ist: Niemand kennt sich mit diesem »Freund oder Feind«-Spiel aus, und wer sich auskennt, der lügt. Nicht einmal die Österreicher wussten über sich selbst richtig Bescheid. Aber wie denn auch? Als zum Beispiel die Corona-Krise ausbrach, verbot das schnucklige Salzkammergut von einem Tag auf den anderen den Wienern den Eintritt. Die Bad Ausseer, Leute, die das Herz am rechten Fleck haben, warfen kurzerhand ihre eigenen Landsleute hinaus. Aus einem rätselhaften Grund verschlief die Zeitung *Österreich* diese tolle Schlagzeile: »Österreicher fliegen raus aus Österreich«. Dafür machten sich wenigstens ein paar Künstler darüber lustig.

Ein bekannter Kabarettist brachte es sogar in einem radikalen Sketch auf den Punkt:

»Hallo, woher kommen Sie?«, fragt mich einmal ein Engländer auf der Straße.

»From Austria«, antworte ich.

»Aber Sie sehen nicht wie ein Österreicher aus«, staunt der Engländer.

»Das liegt daran, dass ich halb Perser, halb Wiener bin. Was bedeutet, ich sehe aus wie ein Terrorist, bin aber in Wirklichkeit ein Nazi.«

Ob die Österreicher deswegen gleich Nazis waren, konnte ich unmöglich sagen. Aber auf jeden Fall waren sie gut im Einstecken. Es gab Länder, wo man diesen Kabarettisten gleich nach der Vorstellung geteert, gefedert und an ein paar tausend Volt angeschlossen hätte.

Theoretisch war ich zumindest qualifiziert, festzustellen, ob man hier ausländerfeindlich war oder nicht. Über vier Jahre als Fremdling hätten mich zu einem Fachmann machen müssen. Aber nicht einmal hier konnte ich mit eindeutigen Ergebnissen dienen. Die österreichische Ausländerfeindlichkeit war ein fließendes Konzept. Mal tauchte sie da auf, wo man nicht mit ihr gerechnet hätte, mal verschwand sie dort, wo man sie regelrecht erwartete. Aber am sonderbarsten wurde es, wenn sie dort in Erscheinung trat, wo sie eigentlich nichts verloren hatte. Nämlich bei den Opfern selbst.

Eines Tages führte ich darüber eine bemerkenswerte Diskussion mit einem polnischen Studenten, der für ein Semester nach Wien kam. Er stammte aus einer privilegierten Familie, hatte Unmengen Geld und glaubte, sich überall erstklassig auszukennen. Wir saßen in einer Luxusbar, die er ausgesucht hatte, über ein paar Drinks und wälzten die besagten Themen. Der Student war gerade mal fünf Wochen in Wien und wusste schon besser über die Österreicher Bescheid als ich nach vier Jahren.

»Für mich steht es fest, dass die Österreicher die ausländerfeindlichsten Typen unter der Sonne sind«, sagte er, während er seinen überteuerten Caipirinha schlürfte. Auf meine Frage, worauf sich dieser Verdacht gründete, erzählte er mir das, was jeder in der *Österreich*-Zeitung nachlesen konnte.

»Du brauchst nur zu sagen, du kommst aus Polen, und schon laufen alle zum Fenster, um nachzuschauen, ob ihr Auto nicht bereits in Warschau steht«, entrüstete er sich. »Wie kann man denn so pauschal denken? So mir nichts, dir nichts alle in einen Topf werfen?«

»Bedank dich bei den Yetis aus der Gegend um Zakopane und der hiesigen Propaganda. Die sind ein tolles Gespann«, sagte ich, weil ich seine Wohlstandstränen nicht sehen konnte, und klärte ihn auf: »Diese Yetis gingen seinerzeit lange zu locker mit dem Privateigentum anderer Leute um. Die Propaganda zückte daraufhin den ›Zu viele böse Ausländer im Land‹-Taschenrechner und machte daraus eine Invasion. Wen wundert's, dass der kleine Mann in Floridsdorf paranoid wird. Sogar ich fing damals an, die Straßenseite zu wechseln, wenn ich einen Landsmann sah.«

»Aber genau das meine ich. Wo bleibt die Menschlichkeit? Wo bleibt das universelle Verständnis?«, jammerte der Student weiter.

»Die ist mit dem letzten Mercedes Richtung Zakopane abgefahren«, sagte ich und versuchte, sein uni-
verselles Verständnis zu erweitern.

»Noch vor einiger Zeit tätschelten mir die Arbeiter
aus Favoriten die Schulter, nur weil ich aus Polen kam.
Und die alten Damen schenkten mir einfach so eine
Wurstsemmel, die ich vor ihren Augen aufessen
musste. Und dann war alles vorbei. Aber …«, ich tätschelte ihm die Schulter, »irgendwann renkt sich alles
wieder ein. Spätestens, wenn jeder in Polen seinen
eigenen Mercedes fährt. Dann werden die Rumänen
die nächsten Polen sein.«

»Wieso die Rumänen?«

»Wieso nicht? Das ist der magische Kreislauf des
materiellen Wohlstands. Und der läuft immer nach
dem gleichen Motto. Hilfst du den Armen nicht, kommen sie zu dir und helfen sich selbst.«

»Ich glaub dir kein Wort«, schüttelte der Student
den Kopf. »Sobald ich hier fertig bin, verschwinde ich
aus diesem verlogenen Land.«

Ich traf ihn vor Kurzem wieder. Er hatte doch in
Wien fertigstudiert und verdiente jetzt Unmengen
Geld als Manager in einer Glücksspielfirma. Er
erkannte mich sofort und strahlte über das ganze
Gesicht: »Du hattest recht«, sagte er, »ich war damals
ein selbstgerechter Idiot, der nicht das große Ganze
sah.«

»Inwiefern?«, staunte ich.

»Es kommen hier wirklich viel zu viele Fremdele-
mente her. Und wenn das so weitergeht, sind wir bald
in der Unterzahl. Und dann gnade uns Gott.«

Er senkte die Stimme: »Ich überlege mir, demnächst sogar die FPÖ zu wählen. Ich bin mit vielem nicht einverstanden, was die sagen, aber unter dem Strich ist das die einzige Kraft, die unser Land retten kann.«

»Unser Land?«, staunte ich. Er meinte offenbar das Land, das er noch vor einiger Zeit um jeden Preis verlassen wollte, weil es ihm zu ausländerfeindlich war.

Und während ich aus dem Staunen nicht herauskam, tätschelte diesmal er mir die Schulter.

»Und ganz besonders meine ich damit unsere Vierkantschlüsselakrobaten. Schließlich wissen wir beide am besten, was dort manchmal herumkriecht, stimmt's?«

Damit verabschiedete er sich und lief zu seinem Luxusauto, während ich herauszufinden versuchte, was er mit dem »wir«, dem »unserem Land« und anderen rätselhaften Vokabeln gemeint hatte.

»Die Menschheit bestand immer schon aus Angstidioten«, erklärte mir noch am selben Abend Frau Milchpeter, als ich ihr das Gespräch mit dem Manager schilderte. »Das ist die internationale 20 Prozent Angstidioten-Konstante. Die hat Darwin entdeckt. Habe gerade eine Sendung darüber gesehen.«

»Könnten Sie das etwas genauer erörtern?«, versuchte ich sie zu verstehen.

»In einem Bus fahren zehn Passagiere«, diente mir Frau Milchpeter sofort mit einem Beispiel, »zwei davon werden die Hexen verbrennen und den Fremden die Finger brechen wollen. Deswegen weiß auch jeder General, dass zwei von zehn Soldaten sich am liebsten sofort ein Gewehr greifen würden und auf alles zu schießen anfangen, was sich bewegt. Können Sie mir folgen?«

»Ich versuche es.«

»Und dann gibt es unter diesen zehn noch zwei andere Passagiere, die am liebsten alles grün anstreichen und sich von Radieschen ernähren würden. Das ist die 20 Prozent Gutmenschen-Konstante. Nichts für ungut, aber von denen wird mir genauso übel. Zumindest richten sie weniger Schaden an.«

Sie zeigte dabei diskret auf die Tür der Grafikerin Ines, die offenbar in dieses Lager gehörte.

»Und wo gehören Sie und ich hin?«, nutzte ich Frau Milchpeters philosophische Hochform aus.

»Wir sind die übrig gebliebenen sechs Passagiere«, schloss sie ihr Plädoyer ab. »Mal haben uns die Radieschenfresser an der Angel, mal die Angstidioten. Je nachdem, welcher von den beiden gerade das bessere Mundwerk hat. So funktioniert die Welt, seit der erste Idiot oder Gutmensch das Feuer erfunden hat. Noch Fragen?«

»Wie könnte ich da noch Fragen haben?«, sagte ich. Ich hatte gerade mehr über die menschliche Natur erfahren als in den letzten zehn Jahren zusammengenommen.

»Immer wieder gern«, Frau Milchpeter sah sich auf einmal unruhig um, »und jetzt entschuldigen Sie mich bitte. Meine Muschi macht mir wieder Schwierigkeiten.« Sie hob ihren Finger: »Und eins noch«, fuchtelte sie mir damit vor dem Gesicht. »Wissen Sie, warum ich ausgerechnet die FPÖ so bescheuert finde? Weil sie überhaupt nicht nachdenkt. Sind nämlich eines Tages alle Ausländer weg, dann ist die FPÖ auch weg.«

Ich sah ihr nach, bis sie aus meinem Blick verschwand. Je mehr ich darüber nachdachte, was ich gerade gehört hatte, desto mehr überkam mich die Lust, meinen Bericht an Brigitte mit diesem Ausspruch zu beenden. Schon allein, weil ein philosophischer Schluss sich immer gut macht. Noch dazu kam er nicht von einem Ausländer, sondern aus ihrem eigenen Volk. Und das Volk hat immer das letzte Wort. Hat Marx jedenfalls gesagt.

Drei triftige Gründe, Hexen und Fremde nach Österreich zu lassen

Um meinen Bericht an Brigitte zu vervollständigen, beschloss ich, drei Beispiele von Fremdlingen beizulegen. Noch dazu nicht irgendwelche, sondern solche, bei denen ich alle Informationen aus erster Hand hatte. Ich nannte diese Liste: Drei triftige Gründe, Hexen und Fremde ins Land zu lassen.

Grund 1: Leyla, das trojanische Pferd

Ich traf Leyla und ihren Mann Ahmed auf einem Markt, wo ich einmal kurz Obst verkaufte. Leyla war fünfundzwanzig, Ahmed, ihr Mann, ein Jahr älter. Ihr Haus in Damaskus wurde von einer Bombe getroffen, als sie gerade auf dem Markt Datteln kauften. Als sie zurückkamen und statt dem Haus einen Krater sahen, sagte Leyla zu Ahmed: »Ich kann nicht mehr. Gibt es auf dieser Welt einen Ort, wo sich Häuser nicht plötzlich in Luft auflösen?«

»Den gibt es«, versprach Ahmed. »Und wenn wir ihn finden, backe ich dir dort als Erstes einen Dattelkuchen.«

Sie nahmen ihre beiden Kinder, die sie bei den Großeltern auf dem Land versteckt hatten, und kamen nach einer halbjährigen Odyssee in Österreich an. Sie waren jung und obendrein gut in Schuss, weil sie die Hälfte der Strecke zu Fuß gegangen waren.

Sie bekamen vom Staat Österreich eine Wohnung in Ottakring zugewiesen. Die Wohnung war 30 m² groß und es gab keine Möbel außer einem Sessel, der schon vorher da war. Als die beiden mich eines Tages zum Abendessen einluden, bekam ich diesen Sessel. Ich saß darauf wie auf einem Thron und zu meinen Füßen die syrische Familie, die inzwischen perfekt den Schneidersitz beherrschte. Nach einem halben Jahr merkte ich, dass Leyla immer mehr das Ruder übernahm. Ahmed stand immer öfter in der Küche und sie saß in ihrem Kopftuch auf dem Boden und erzählte von den Zitronenbäumen in ihrem alten Garten und Tieren, die man hier nicht einmal im Zoo zu sehen bekam. Manchmal warf Ahmed ein Detail ein, während er das Essen im Topf umrührte. Sein Küchenengagement wunderte mich, denn schließlich kamen sie aus einem Land, wo die Männer die Hosen anhatten. Das Einzige, was mich noch mehr wunderte, war, dass es Ahmed nicht sonderlich störte.

»Leyla«, fragte ich eines Tages, »wie ist das eigentlich bei euch in Syrien? Haben die Frauen dort auch das Sagen wie hier?«

»Nein. Frauen sind bei uns stumm wie Fische«, lachte Leyla und machte eine kleine Handbewegung, worauf Ahmed ihr sofort die Gabel reichte.

»Es wird noch hundert Jahre dauern, bis eine Frau frei wie in Österreich ist«, sagte sie.

»Bei dir hat es aber nicht hundert Jahre gedauert«, ich zeigte auf Ahmed, »fünf Monate und dein Mann ist dressiert wie ein Schäferhund.«

Leyla lachte. Und Ahmed auch. Sogar die Kinder lachten, obwohl sie kein Wort verstanden.

»Oh ja«, nickte Leyla hochglücklich über meinen Vergleich. »Er ist wie ein Schäferhund, aber er ist immer noch Ahmed. Stimmt's, Ahmed?«, sie warf ihrem Mann, der konzentriert im Topf umrührte, einen Blick aus ihren Scheherezade-Augen zu.

»Wie siehst du das, Ahmed? Stört dich das nicht, dass deine Frau alles regiert?«, fragte ich.

»Ist kein Problem«, rief Ahmed zurück. »Ist Frau zufrieden, ist alles gut. Und wenn alles gut, ist das gut gegen Heimweh.«

»Ihr wollt also zurück?«, staunte ich.

»Sobald die Bomben aufhören, fangen wir an zu packen«, sagte Leyla.

»Aber es geht euch hier so gut.«

»Heimat ist Heimat«, sagte Leyla, und Ahmed reichte, wie es sich für einen dressierten Schäferhund gehörte, den Couscous, den er für heute extra gekocht hatte.

»Und außerdem muss jemand den Frauen zu Hause erzählen, dass auch Männer putzen und kochen können«, fügte sie hinzu und teilte uns den Couscous aus.

Während ich aß, machte ich eine Kopfrechnung. In den letzten Jahren kamen zwei Millionen syrische Flüchtlinge in den Westen. Ein Drittel davon waren Frauen. Wenn nur die Hälfte davon in Sachen Selbstbestimmung so schnell mutiert ist wie Leyla, dann waren das einige Hunderttausend. Wenn diese Frauen nach Syrien zurückkehren, dann lösen sie eine Revolution aus. Ich sah schon die Schlagzeilen in den westlichen Zeitungen: »Die Freiheit der arabischen Frau begann auf dem Fußboden einer Emigrantenwohnung in Ottakring«.

Ich beobachtete, wie Leyla, das künftige trojanische Pferd der arabischen Frauenbewegung, Ahmed gerade zeigte, wie man das Dessert auf den Teller legte. Ahmed sah ihr ironisch zu, führte aber dann jede Anweisung genau aus. Dann setzten wir uns alle wieder an den Tisch, der aus einer ausgebreiteten Decke auf dem Fußboden bestand. Ich hatte selten so ein gelungenes Dessert gegessen. Es war ein Dattelkuchen. Ahmed hatte ihn gebacken. Und er war teuflisch stolz darauf.

Grund 2: Mate, der Meisterschütze

Mate traf ich auf demselben Markt wie Leyla und Ahmed. Er war um die fünfzig und hatte ein rundes Gesicht wie Schwejk. Niemand konnte so gut wie Mate Melonen und andere exotische Früchte verkaufen. Sein Charme wirkte insbesondere bei den älteren Wiener Damen. Sie kauften bei ihm sogar bis zu drei Mal am Tag Papayas und andere Früchte, die dann in ihren Altwienerwohnungen vor sich hin faulten. Mate war aber nicht nur der sympathischste Verkäufer von allen, sondern auch jemand, der keiner Fliege was zuleide tun konnte.

Einmal, als weder ältere Damen noch sonst jemand da war, gestand mir Mate, dass er früher gezwungen war, im serbischen Krieg mitzumachen.

»Aber wohl nur als Koch?«, scherzte ich.

»Nein. Ich war Elitesoldat«, widersprach er. »Zwei Jahre lang. Spezialisiert auf das Erstürmen von Häusern.« Mate fing an, eine seiner berühmten Orangenpyramiden zu stapeln.

Da mir keine gute Antwort darauf einfiel, schwieg ich und Mate fuhr fort.

»Willst du nicht wissen, was ich damals gemacht habe? Zum Beispiel, ob ich jemanden erschossen habe?«

»Nein, das interessiert mich nicht«, log ich. Es interessierte mich durchaus.

»Das habe ich aber. Und nicht nur einen.« Mate zeigte auf die Gäste im Freiluftrestaurant gegenüber, die gerade überteuerten Fisch aßen. Die Hälfte davon waren Kunden, die bei ihm regelmäßig einkauften.

»Es sind mehr, als gerade da drüben sitzen.«

Ich sah hinüber und zählte nach.

»Aber das sind ja über dreißig?«

»Dreißig?«, überlegte Mate. »Nein, es waren sicher doppelt so viele«, sagte er und baute weiter an seiner Orangenpyramide.

»Los, frag mich weiter«, sagte er mit einer sonderbaren Stimme, »als Nächstes willst du wissen, wie sich das anfühlt?«

»Ich weiß nicht. Will ich das? Das war sicher schlimm.«

»Nein. Nur seltsam.« Er pustete zärtlich ein Blatt von einer Orange weg.

»Du schießt auf jemanden und der fällt um. Du sagst dir: Ach, der ist nur verletzt. Er kommt schon durch. Eine Stunde später beim Rückzug siehst du ihn dort immer noch liegen. Er ist ganz weiß und atmet nicht. Du schaust dich vorsichtig um und fragst dich, wo ist der Kerl, der ihm den zweiten Schuss verpasst hat? Aber es gibt keinen zweiten Kerl noch einen zweiten Schuss.«

»Ich verstehe«, sagte ich.

»Das ist der Witz am Bürgerkrieg«, redete Mate weiter, während er seine Pyramide mit einer schönen Orange krönte. »Du schießt Leuten in den Kopf, die dir, als du klein warst, Spielzeug geschenkt haben, und wirst zu einem Irren. Ich bin auch irre geworden«, er zeigte um sich. »Hier ist es viel besser. Hier kenne ich niemanden. Du weißt nicht, wie gut das tut. Österreich ist für mich ein Paradies.«

Wir verstummten. Eine Kundin war im Anmarsch. Eine ältere Frau mit einem großen Sommerhut kam schnell näher und lächelte schon von Weitem.

Sie blieb vor dem Stand stehen und sagte zu Mate: »Mate, das sind prächtige Orangen. Wo hast du die her?«

»Aus meiner privaten Orangenmine. Vorsicht, die sind teuer wie Diamanten«, scherzte Mate mit seiner freundlichen Ironie, die ihn so beliebt machte.

»Dann nehme ich zwei Kilo von deinen Diamanten«, sagte die Kundin und lächelte mir zu: »Ist er nicht lustig?«

»Oh ja. Sehr«, stimmte ich schnell zu.

Mate gab die Orangen in ein spezielles Biosackerl und verrechnete dafür fünf Cent extra. Die Dame mit dem Sommerhut bedankte sich und sagte zu mir:

»Und umweltbewusst ist er auch. Wenn alle so wären wie Mate, hätte dieser Planet vielleicht noch eine Chance.«

Sie setzte sich in Bewegung, und wir sahen ihr schweigend nach. Plötzlich sagte Mate: »Wir haben gestern frische Avocados gekriegt. Willst du ein paar? Ich mache dir einen guten Preis.«

»Warum nicht? Aber nur zwei, nicht mehr«, sagte ich. Und während Mate die Avocados aussuchte, schaute ich hinüber zum Fischrestaurant. Ich zählte dort inzwischen mehr als vierzig Leute an den Tischen. Und als wäre es nicht genug, betraten zwei weitere Gäste das Lokal. Sie nahmen lachend Platz an einem Tisch, von wo man Mates Verkaufsstand gut sehen konnte.

Grund 3: Irek, der Künstler

Irek lernte ich bei meinem Kumpel Marek kennen. Irek fiel mir gleich auf, weil etwas Sonderbares an ihm war. Nach ein paar Gläsern hatte ich ihn so weit und er erzählte mir das Einzige, was er über sich für erzählenswert hielt. Er fing mit seinem Namen an. Irek war eine Abkürzung von Ireneusz. Aber kein Junge, der halbwegs auf dem Laufenden war, nannte sich in einer polnischen Kleinstadt Ireneusz. Das war ein Grund, verprügelt zu werden. Also wurde aus Ireneusz Irek. Er wuchs in dieser Kleinstadt auf und arbeitete dann in einer Fabrik, die Reifen für das kommunistische Auto-Wunderwerk Syrena herstellte. Als die Produktion eingestellt wurde, wurde Irek arbeitslos und kam über Umwege nach Innsbruck. Er war dreißig, ungebildet und hatte kein Geld. Eines Tages war er in einem BIPA, weil er einen Rasierapparat brauchte. Aber der Rasierapparat war zu teuer und Irek kam auf die Idee, ihn in die Tasche zu stecken und damit ohne zu bezahlen hinauszumarschieren. Er bekam dabei fast einen Herzinfarkt, aber er tat es. Niemand hielt ihn bei der Kassa auf, im Gegenteil, man wünschte ihm noch einen schönen Tag. Ein Wunder war passiert.

Irek war nicht dumm und sagte sich: Wenn ein Wunder einmal passiert, kann es auch ein zweites Mal passieren. Von da an ging er, so oft er konnte, mit einem Gegenstand in seiner Hosentasche aus einem Geschäft, ohne dafür zu bezahlen. Schließlich wurde er zu einem Meister im Hinausbringen von Gegenständen aller Art. Als er anfing, die Gegenstände noch weiterzuverkaufen, konnte er sich endlich die Miete leisten und überhaupt Dinge, die vorher unmöglich waren. Zum Beispiel ein Essen in einem teuren Restaurant. Irek fing an, eine seltsame Philosophie zu entwickeln. Demnach waren alle Gegenstände gratis. Bloß hatten die Politiker und die Wirtschaftsbosse den Leuten eingeredet, dass man dafür zahlen muss, und machten sie so zu Schafen. Irek war kein Schaf. Da ihm aber diese Philosophie viel abverlangte, ging Irek statt in den Fitnessclub jeden Freitag ins Naturkundemuseum. Das war der einzige Ort, von dem er nie etwas entwenden würde. Der Anblick von Steinen, die hundert Millionen Jahre alt waren, beruhigte seine Nerven. Am längsten betrachtete er in Bernstein eingeschlossene Fliegen und Raupen. Er fühlte sich ihnen verwandt. Er kam sich manchmal auch vor, als wäre er eine Million Jahre alt.

Eines Tages lernte er eine Studentin kennen, die sich eine Vitrine mit ausgestorbenen Vögeln ansah. Sie kamen ins Gespräch und gingen anschließend ins Bett. Sie hieß Rosalinde und war die Tochter eines reichen Innsbrucker Unternehmers.

Kein Mensch wusste, was sie an einem polnischen Kleinstadt-Irek fand. Irek selber am wenigsten. Rosalinde war intelligent und konnte gut beobachten. Ihr fiel auf, dass Irek nicht arbeitete, aber trotzdem viel Geld hatte. Sie wunderte sich auch über die vielen Luxusgegenstände in seiner Wohnung, die noch frisch verpackt waren. Ihr fiel auch auf, dass Irek seltsame Anfälle hatte, während denen er stundenlang an die Wand starrte und nichts Essbares hinunterbekam. Sie brachte ihn zu einem Arzt und dieser sagte, dass Irek ein Magengeschwür hatte und überhaupt für seine fünfunddreißig Jahre gesundheitlich erstaunlich angegriffen war. Rosalinde zählte zwei und zwei zusammen und sagte eines Tages zu Irek:

»Ich will nicht, dass du dich auf Dauer kaputtmachst. Soll ich dir einen ordentlichen Job besorgen?«

»Aber ich kann nichts«, gab Irek offen zu.

»Mein Vater hat ein Immobilienunternehmen. Ich sorge dafür, dass er dir dort einen leichten Job gibt. Und glaub mir, was du angestellt hast, ist nichts verglichen mit dem, was seine Firma macht.«

So bekam Irek einen richtigen Job und wurde mit der Zeit zu einem angesehenen Immobilienmakler im

Raum Innsbruck. Sein Geschwür verschwand und er starrte nicht mehr an die Wand. Er heiratete Rosalinde und sie bekamen zwei Kinder. Der einzige Makel war, dass Irek mit seinen Kindern immer Deutsch sprach. Er wollte nicht, dass sie etwas von seiner Herkunft und der Stadt Radom erfuhren. Er wollte überhaupt, dass sie so wenig wie möglich über ihren Vater in Erfahrung brachten.

Maestro Lem

Wenn man lange genug in Wien war, stieß man nicht nur auf polnische Putzfrauen und Bauarbeiter, sondern auch auf berühmte Landsleute, die seinerzeit vor dem Kommunismus geflüchtet waren. Einmal las ich in der *Kronen Zeitung*, dass der Regisseur Roman Polański in Wien wohnte, weil er ein Theaterstück inszenierte. Ein anderes Mal hörte man, dass ein hochbegabter Chirurg, den Amerika kaufen wollte, in einem Wiener Spital hängen geblieben war und von da an mit seinem Skalpell die Österreicher behandelte. Ich hätte aber nie gedacht, dass ich einmal am eigenen Leib das sogenannte »Cary-Grant-Gesetz« erleben würde. Dieses Gesetz besagte, dass jeder Normalsterbliche einmal im Leben einen Prominenten trifft. Entweder zufällig auf der Straße oder er pinkelt neben ihm auf der öffentlichen Toilette. Und wenn er Glück hat wie ich, geht die Begegnung über diese beiden Varianten hinaus und man trifft den Prominenten in seinen eigenen vier Wänden.

Ich war in jenem Herbst als Heizungsableser unterwegs und bearbeitete an besagtem Tag eine Villengegend in Hietzing. Ich wollte es so schnell wie möglich hinter mich bringen, weil Villengegenden unter den Heizungsablesern besonders unbeliebt sind. Reiche Leute leiden immer unter einem finanziellen Engpass, der sie daran hindert, auch nur ein winziges Trinkgeld zu geben. Umgekehrt hätten sie aber keine Skrupel, Trinkgeld von einem armen Heizungsableser anzunehmen, wenn er es ihnen anbieten würde.

Zum Glück blieb mir an diesem Tag nur noch eine Villa am Ende der Straße und danach war Feierabend. Als ich an der Tür läutete, öffnete mir ein kleiner korpulenter Mann um die sechzig. Er war eindeutig kein Österreicher und sprach ein sonderbares Deutsch, so als würde er sich selbst parodieren.

Ich sagte den üblichen Begrüßungsspruch auf und eilte, so schnell es ging, von einer Heizung zur anderen. Der korpulente Mann folgte mir und beobachtete besonders aufmerksam meine Hände. Keine Ahnung, warum er das tat. Vielleicht gefiel ihm, wie geschickt ich mit der Plombierzange umging, vielleicht hatte er gerade nichts Besseres zu tun. Nachdem ich mit der letzten Heizung fertig war, ließ ich ihn die Rechnung unterschreiben. Als ich seine Unterschrift sah, musste ich zwei Mal hinsehen. Auf der Heizungsrechnung stand der Name Stanisław Lem. Das schlug bei mir ein wie ein Blitz. Stanisław Lem war Polens berühmtester Sci-Fi-Schriftsteller, und wenn man es genau nahm, sogar Europas. Hollywood verfilmte seine Bücher, und wenn es sie nicht verfilmen konnte, dann klaute man ihm einfach den Stoff wie bei dem Film *Matrix*. Er war so bekannt, dass sogar ein deutscher Polizist in Berlin Lem erlaubte, gegen die Einbahn zu fahren, nur weil er einmal die *Robotermärchen* gelesen hatte. Das alles schoss mir jetzt durch den Kopf, als ich die Rechnung mit der Unterschrift des Meisters in der Hand hielt, und ich hörte mich plötzlich auf Polnisch sagen: »Kann es sein, dass wir Landsleute sind?«

Lem reagierte erstaunlich nachsichtig auf mein geistreiches Outing. Er drehte sich um und rief nach seiner Frau: »Basiu, kommst du mal kurz her. Dieser junge Handwerker ist unser Landsmann.«

Seine Frau kam und begrüßte mich. Daraufhin führten wir eine Art Emigranten-Smalltalk, der erstaunlich warmherzig verlief, dafür, dass der eine von uns in einem Hamsterkäfig und der andere in einer Villa lebte. Aber offenbar hatten die Lems noch nie einen Landsmann gesehen, der in der Fremde lebte und trotzdem so guter Laune war. Noch dazu fiel ich vor ihnen trotz der größten Versuchung nicht auf alle vier Pfoten, was in meinem Land häufig passiert, wenn man jemandem Berühmten begegnet. Im Gegenteil, ich tat so, als wäre ich von ihrem Status und ihrer offensichtlichen Bescheidenheit völlig unbeeindruckt. Nur beim Hinausgehen rutschte mir ein dummer Scherz heraus, der gravierende Folgen haben sollte. Ich zeigte auf das Innere der Villa und sagte: »Hübsch haben Sie es hier. Vielleicht sollte ich auch Bücher schreiben?«

Lem machte darauf ein Gesicht, als hätte er in eine Zitrone gebissen, und sagte: »Lassen Sie lieber die Finger davon. Dabei stirbt man des Hungers.«

Da ich zu den Leuten gehöre, die zuerst reden und dann denken, antwortete ich trotzig: »Wenn ich schon sterben soll, dann suche ich mir selber aus woran.«

Daraufhin tauschte Lem mit seiner Frau Basia einen Blick aus.

»In diesem Fall bleiben Sie zum Mittagessen«, sagte seine Frau, und damit war mein Schicksal besiegelt.

Von da an kam ich einmal in der Woche zum Mittagessen und bekam eine direkte Einsicht in das Leben eines berühmten Mannes. Jeden Dienstag schwebte ich für ein paar Stunden in einer Glamourwelt, die nur wenigen offenstand. Irgendwann legte ich mir schließlich eine Liste von besonderen Ereignissen an, die mir dort widerfuhren. Ich nannte sie großspurig: Die Liste der Sternstunden im Haus eines großen Mannes, an denen ich teilhaben durfte und die wegen ihrer außerordentlichen Tragweite für die Nachwelt bewahrt werden müssen.

Sternstunde Nr. 1
Der lästige Dick

Es ist ein Dienstagnachmittag. Das Mittagessen ist gerade zu Ende. Maestro Lem verschlingt in Lichtgeschwindigkeit die Reste einer Trüffeltorte, während er einen Brief liest, den er am Morgen bekommen hat. Von Zeile zu Zeile wird seine Miene besorgter. Dann sagt er zu seiner Frau: »Dieser Dick hat definitiv einen Dachschaden. Können wir was tun, um weitere Briefe von ihm zu verhindern, Liebes?«

Lems Frau schüttelt nachdenklich den Kopf, bis ihr eine Idee kommt: »Wir könnten den Briefträger bestechen. Er ist zwar Wiener, aber auch nur ein Mensch.«

Und während die Lems überlegen, wie sie diese unerwünschte Korrespondenz unterbinden können, kratze ich mein Wissen über diesen lästigen Dick zusammen. Philipp K. Dick ist auch Sci-Fi-Autor. Nach seinen Büchern werden künftig Filme wie *Blade Runner*, *Minority Report* oder *Terminator* in Hollywood verfilmt und Filmgeschichte machen. Im Moment aber ist Dick davon überzeugt, dass Maestro kein Mensch ist, sondern eine kommunistische Geheimzelle mit dem Pseudonym LEM, die absichtlich den amerikanischen Markt mit Sci-Fi-Romanen flutet, damit Dick am Hungertuch nagt. Dick schickt regelmäßig hysterische Briefe an Lem, mit der Bitte, damit aufzuhören und sich als ein »nicht reales Wesen« zu outen. Ich bekomme Schnappatmung, als Lem mir diesen Brief hinhält, der mit dem Namen Philipp K. Dick unterschrieben ist. Ich lese gerade die ersten zwei Zeilen, als Maestro den Brief wieder in den Umschlag steckt und sagt: »Die Welt ist voller Irrer. Und sie scheinen alle meine Adresse zu kennen.«

Sternstunde Nr. 2
Wie man Hitler und Stalin erschießt

Einmal, als gerade niemand Wichtiges da war und der Meister nicht mit dem Dessert beschäftigt war, werde ich in sein Arbeitszimmer eingeladen. Der Meister zeigt mir zerstreut die unzähligen Übersetzungen seiner Werke und bleibt kurz bei einer davon hängen.

»Ich weiß weder, um welches meiner Bücher es sich hierbei handelt, noch in welcher Sprache es ist. Wer weiß, vielleicht ist das überhaupt nicht meins, sondern eines von diesem Dick.«

Das Ganze war aber nur ein Vorwand, um mich in sein Arbeitszimmer zu locken. Der Meister öffnet ein Regal, das wie ein Altar aufgeht. Auf den Innenwänden hängen zwei große Fotos. Eins von Stalin, das andere von Hitler. Lem holt eine Luftdruckpistole aus der Schublade und gibt sie mir.

»Das Spiel geht so: Für das Auge von Stalin bekommt man fünf Punkte. Für die Nase von Hitler neun. Willst du anfangen?«

»Gerne«, flüstere ich ehrfürchtig. Ich werde schließlich gleich mit Maestro auf die beiden größten Monster des 20. Jahrhunderts schießen.

»Such dir einen aus«, gibt Lem die letzte Anweisung. »Aber ziele gut. Die haben auch nie danebengeschossen.«

In der nächsten halben Stunde schießen wir munter auf Hitler und Stalin. Ich treffe vor Aufregung kaum etwas. Aber das macht nichts. Ich fühle mich mit jedem Schuss zunehmend wie ein Auserwählter. Maestro gewinnt haushoch. »Ich übe auch jeden Tag«, tröstet er mich, als er meinen Gesichtsausdruck sieht. »Ich bin in der Gegenwart dieser beiden Gentlemen immer außerordentlich motiviert.«

Sternstunde Nr. 3
»Das Geld war immer schon in falschen Händen«

Ein lauer Septembertag in Hietzing. Einer der reichsten Polen ist gerade zu Besuch. Er hat das Gesicht und das Benehmen eines schlauen Kartoffelbauern, der zu schnell zu viel zu viel Geld gekommen ist. Er kleidet und benimmt sich so, wie sich Neureiche einen englischen Millionär vorstellen. Seinen flaschengrünen Jaguar parkt er vor dem Eingang, dass er den ganzen Gehsteig blockiert. Um seinen Hals hängt ein feines Halstuch, das ihm die Luft abschnürt. Sobald er Maestro erblickt, verwandelt er sich in einen kleinen Pudel, der dem Meister auf allen vier Pfoten überallhin folgt. Hätte er einen Schwanz, würde er mit ihm so wedeln, dass er alle Vasen zerbrechen würde. Die Audienz beim Meister fällt erstaunlich kurz aus. Gerade mal eine Viertelstunde. Dann geht die Tür auf und Lem kommt wutschnaubend heraus: »Sie finden schon allein hinaus«, sagt er zum Millionär und vergisst im selben Moment, dass dieser existiert. Der Millionär schleicht geknickt zum Ausgang und fährt mit seinem flaschengrünen Jaguar auf Nimmerwiedersehen davon.

Beim Essen macht Maestro endlich seinem Ärger Luft: »Dieser Wicht wollte mir sechstausend Dollar zahlen, wenn ich eine halbe Stunde vor dem hiesigen Businessclub über die Zukunft des Bargeldes rede. Ich antwortete darauf, dass das Geld in jeglicher Form keine Zukunft hat, solange es in den Händen von Leuten wie ihm ist.«

Nach einer Pause fügt er hinzu: »Um ein Haar hätte er mich mit seinen sechstausend Dollar wirklich geködert.«

»Dafür kriegst du einen Nachschlag«, beschwichtigt ihn seine Frau Basia und legt ihm eine Extraportion Kuchen auf den Teller. Der Meister nimmt ein Stück und ist sofort im siebten Himmel. Ich weiß nicht wieso, aber ich muss sofort an jene französische Gräfin denken, die, als ihre letzte Stunde schlug, ausrief: »Ich glaube, ich sterbe. Schnell, das Dessert!«

Zum Glück stirbt an diesem Tisch niemand. Außer mir. Und zwar vor Neugier, ob der polnische Millionär inzwischen vor Ärger gegen einen Betonpfeiler gefahren oder zu der Ansicht gekommen ist, zu der alle Geschäftsleute eines Tages kommen: »Kunst und Geld verträgt sich nicht.«

Sternstunde Nr. 4
Hier spricht Richard Gere

Wir sind wieder einmal beim Dessert angelangt. Es gibt Kompott mit Zwetschken aus Maestros Hietzinger Garten. Mittendrin läutet das Telefon und Maestro hebt ab. Ein Anruf auf Englisch und offenbar aus Hollywood. Ein Mann namens Richard Gere ist dran. Er möchte die Rechte für den Roman *Solaris* kaufen.

Lem jongliert mit dem Zwetschkenkompott in der einen und dem Hörer in der anderen Hand. Er nickt wie ein Lehrer, dem gerade ein aufgeregter Schüler erzählt, dass er ein Stück Gold auf der Straße gefunden hat. Dann antwortet er in seinem polnischen Englisch: »Ich freue mich, dass Sie die Rechte von *Solaris* kaufen wollen. Aber darf ich fragen, wer Sie sind?«

Am anderen Ende der Leitung herrscht plötzlich Totenstille. Richard Gere hat die Frage nicht verstanden.

»Ich bin Richard Gere«, wiederholt er.

Lem wird daraufhin ungeduldig: »Sind Sie ein Produzent oder ein Regisseur?«

»Nein«, antwortet Richard Gere verunsichert. »Eigentlich bin ich Schauspieler.«

»Tatsächlich? Da gratuliere ich aber«, sagt Maestro und legt auf. Dann kommt er wieder zurück an den Küchentisch, hebt das Kompottglas in die Höhe und beschwert sich bei seiner Ehefrau: »Das Kompott ist heute irgendwie nicht süß genug. Findest du nicht?«

Ich schaue mit offenem Mund von einem zum anderen und überlege fieberhaft, wem ich das als Erstes erzählen soll. Ich finde niemanden, der mir das glaubt.

Milch ist kein Orangensaft

Müsste ich über einen magischen Moment persönlicher Natur berichten, dann wüsste ich genau, was ich mir aussuchen würde. Es war der Tag, als der Meister mich bat, ihm dabei zu helfen, Orangensaft zu kaufen. Aus einem unerfindlichen Grund, der in seiner ärmlichen Kindheit zu suchen war, hielt Maestro Orangensaft für das köstlichste Getränk, das unsere Zivilisation hervorgebracht hatte.

»Ich gehe jetzt ein paar Flaschen Orangensaft besorgen«, sagte er eines Tages. »Wärest du so nett, mir dabei zu helfen?«

Das musste man mir nicht zweimal sagen.

»Orangensaft ist nach Wein mein Lieblingsgetränk«, log ich. Daraufhin gingen wir in die Garage und ich erblickte einen riesigen Mercedes, wo Spinnen schon seit Wochen stritten, welche im Lenkrad ihr Netz bauen darf. Der Meister wischte die Spinnweben mit einer geübten Handbewegung weg und wir rollten hinaus. Sobald wir auf der Straße waren, begriff ich, warum Frau Basia, erklärte Atheistin, diskret die Hände zusammengefaltet hatte. Wenn Atheisten anfangen zu beten, heißt das nie etwas Gutes. Ich begriff schon nach der ersten Kurve, warum. Lem konnte problemlos ein Raumschiff in das Alpha-Centauri-System navigieren, aber die Fahrt von Hietzing nach Meidling verwandelte sich in ein Todeskommando. Maestro war ein zu großer Individualist, als dass er sich an einen Fahrstreifen oder ein Verkehrzeichen gehalten hätte. Die Ampeln hatten für ihn eine rein symbolische Bedeutung. Noch dazu waren ihm die Manieren des 19. Jahrhunderts eingetrichtert worden, die besagten, dass man seinem Gesprächspartner immer in die Augen schauen musste. Sogar, wenn der Gesprächspartner auf dem Beifahrersitz saß. Lem kam mit jedem weiteren Meter immer mehr ins Reden. Was er sagte, war das, was man »freien Gedankenfluss« nannte, und wäre unter anderen Umständen hochinteressant gewesen.

»Hast du heute schon die Zeitung gelesen? Unser entzückender polnischer Papst hat die Kondome für Afrika verboten«, fing er mit den Tagesthemen an, während wir eine enge Straße dahinbrausten.

»Als Nächstes wird er aus Polen ein Marienkleinod

machen. Ich habe ihn einmal vor Jahrzehnten in Zakopane als einen netten Skifahrer kennengelernt. Weiß
mochte er immer schon.«

Er verstummte kurz, um eine junge Mutter mit
einem Kinderwagen nicht zu überfahren, und wechselte fließend zur amerikanischen Außenpolitik:
»Jeder weiß, dass George Bush die Weisheit nicht mit
dem Löffel gegessen hat. Sie mussten ihm einfach
diese Türme wegschießen. Ab jetzt wird die Welt zu
einer Titanic, wo jeder Trottel nur noch schnell mal
das Steuer halten will, bevor wir auf den Eisberg
prallen.«

Ich fing an, meinen Sicherheitsgurt wie eine Python
um mich zu wickeln, und versuchte ihn geistig zu
beschäftigen, damit er langsamer wurde.

»Sie sind also kein Fan der Zukunft?«, fragte ich,
während ich auf die Straße vor uns starrte. Das war
eine berechtigte Frage, wenn man der eigenen höchs-
tens noch fünf Minuten gab.

»Im Gegenteil«, lebte Maestro auf, »die Zukunft ist
vielversprechend. Vorausgesetzt, man ist ein Computer. Bald gibt es digitale Unterwäsche und digitale
Tränen. Und ehe wir uns versehen, wird die ganze
Menschheit vor dem Bildschirm onanieren.«

Wir überfuhren fast zwei ältere Frauen und ver-
passten einer nicht näher nachvollziehbaren Anzahl
von Verkehrsteilnehmern einen Herzinfarkt.

Es war eigentlich nicht möglich, dass wir unser Ziel
erreichten, aber wir taten es. Als wir schließlich vor
dem Lebensmittelgeschäft stehen blieben, verstummte
Maestro und blickte mich verschmitzt an: »Wusstest

du, dass das menschliche Gehirn die Gegenwart zu einer Fünf-Sekunden-Strecke ausdehnt? Dank dieser künstlichen Ausdehnung nimmt der Mensch nicht einzelne Töne, sondern die ganze Melodie wahr. Das gilt auch für eine Autofahrt. Und jetzt kaufen wir endlich Milch.«

»Ich dachte, wir wollen Orangensaft.«

»Gute Idee. Den nehmen wir auch mit.«

Auf dem Rückweg fuhr Lem etwas langsamer. Er hatte offenbar etwas auf dem Herzen. Wir waren etwa auf dem halben Weg zurück, als der Meister zum ersten Mal, seit wir uns kannten, persönlich wurde.

»Weißt du, was mich an dir verblüfft?«, sagte er, während er eine weitere rote Ampel überfuhr, »dass du allein in einem fremden Land bist und trotzdem deine gute Laune nicht verloren hast. Das bringt mich auf eine Idee. Willst du wissen, welche?«

»Unbedingt«, sagte ich wohl wissend, dass der Meister mich so oder so erhellen würde.

»Du bist zwar noch jung und nicht sonderlich gebildet. Noch nicht jedenfalls. Aber du hast etwas Wichtiges früh begriffen.«

Ich nickte erwartungsvoll.

»Du weißt schon jetzt, dass du nirgendwo richtig heimisch wirst. Weder hier noch in Polen. Das klingt im ersten Moment wie eine Tragödie, ist aber ein großes Glück.«

»Inwiefern?«, staunte ich.

»Leute ohne Heimat haben ein besonderes Immunsystem gegen Unvorhergesehenes. Und auf uns kommen große Veränderungen zu.«

»Sie meinen doch nicht Krieg oder so was?«, erschrak ich.

»Doch. Genau das meine ich. Aber es wird ein seltsamer Krieg. Keine Bomben, keine Toten, aber dafür eine Menge Opfer. Die Leute werden reihenweise ihre Heimat verlieren und zu Emigranten werden. Ja, sogar die Österreicher, und das, ohne ihre Sofas zu verlassen. Die Konzerne und die sogenannten Visionäre werden über Nacht die ganze Welt austauschen, und plötzlich werden alle zu Emigranten im eigenen Land. Aber wenn das große Jammern beginnt, wirst du deiner Zeit voraus sein, verstehst du?«

»Danke. Das ist ein großes Kompliment.«

Maestro beschleunigte wieder, wobei er gefährlich an einem Gehsteig vorbeischrammte.

»Und deswegen möchte ich dir ein Geschenk machen. Ich habe es bereits mit meiner Frau besprochen. Wir werden in Kürze nach Polen zurückkehren und wir haben da ein paar Möbel, die wir nicht mitnehmen können, weil sie schon etwas desolat sind. Ich würde dir gerne meinen Schreibtisch dalassen. Aber du müsstest ihn dir selber abholen. Schaffst du das?«

Ich nickte energisch. Ich sah mich plötzlich in einem Auktionshaus sitzen, während wild gewordene Fans sich mit Tausenderbeträgen für den Schreibtisch des Meisters überboten.

Lem las meine Gedanken.

»Er ist von IKEA und in einem miserablen Zustand.«

»Trotzdem wäre es mir eine Ehre«, sagte ich. Vor lauter Aufregung merkte ich nicht, dass wir schon vor dem Haus des Meisters waren. Das Garagentor tauchte vor uns auf und ging langsam nach oben.

»Ich gebe dir noch einen letzten Tipp«, sagte der Meister, während er den Mercedes in die Garage parkte. »Leute, die keine Heimat haben, sollten Tagebuch führen. Hast du schon mal daran gedacht?«

»So etwas hat mir mein Großvater geraten, bevor ich nach Österreich kam.«

»Dein Großvater ist ein kluger Mann. Und? Hast du es getan?«

»Noch nicht. Ich hatte bis jetzt zu viel um die Ohren.«

»Überlege es dir. Zu meiner Zeit führte jeder Tagebuch. Hat niemandem geschadet. Es sei denn, du wartest fünfzig Jahre ab und schreibst dann deine Memoiren. Das ginge natürlich auch.«

»Das klingt noch besser. In fünfzig Jahren habe ich sicher auch mehr Freizeit.«

»Aber vergiss nicht: Ein Schreibtisch ist nur eine Spanplatte auf vier Beinen. Niemand weiß das besser als ich. Den ganzen Job musst du selber machen. Und jetzt wenden wir uns wieder dem Essenziellen zu.«

Maestro öffnete den Kofferraum und zeigte mit einer Geste hinein, die keinen Widerstand duldete.

»Hilf mir, den Orangensaft hineinzutragen. Wir haben viel zu viel eingekauft. Basia bringt mich um.«

Die Augen eines Fremdlings

Irgendwie hat es sich eingependelt, dass die Tage, denen ich in meinen künftigen Memoiren einen besonderen Platz einräumen werde, immer Dienstage waren. Noch dazu hat es in der Nacht zuvor immer geregnet, um spätestens um 9 Uhr morgens plötzlich aufzuhellen. So war es, als ich in Langenlois meine Melancholie verarztete, und als ich die Kapuzinergruft besuchte, um mich über Österreichs berühmteste Gang zu informieren. So war es an jenem Tag, als ich Brigitte im Amt besuchte, um meinen Bericht über die österreichische Mentalität zu »besprechen«.

Während ich wartete, bis ich dran war, glänzte ich durch die Ausgeglichenheit eines Mannes, der seine Arbeit ehrlich erledigt hatte und in Kürze eine gerechte Belohnung bekommen würde. Aber kaum betrat ich Brigittes Büro, bemerkte ich zwei beunruhigende Dinge. Ihre Stricknadeln lagen griffbereit auf dem Schreibtisch, was bedeutete, dass sie bereits viel Stress abbauen musste. Und meinen Bericht gleich daneben. Er strotzte von roten Anmerkungen wie die Schularbeit eines Erstklässlers, der auf Herz und Nieren geprüft wurde.

Brigitte ignorierte mich ein paar Sekunden, bis sie eine unmerkliche Einladungsgeste vollführte, die mir zu verstehen gab, ich sollte mich setzen. Ich führte ihren Befehl aus, ohne einen Laut von mir zu geben. Nach einer Pause, in der man ein Buch hätte schreiben können, griff sie nach meinem Bericht und hielt ihn mit zwei Fingern hoch, wie Kinder eine tote Maus halten, vor der sie sich ekeln und bei der sie doch nicht widerstehen, sie der ganzen Welt zu zeigen: »Es gibt eine gute Nachricht und eine schlechte. Welche wollen Sie zuerst hören?«, fragte sie.

»Das überlasse ich Ihnen«, sagte ich.

»Dann will ich ganz offen sein«, kam sie zur Sache. »Ihr Bericht ist eine einzige Zumutung. Sie reden zwar inzwischen recht fließend in unserer Sprache, aber Sie schreiben wie ein zehnjähriges Kind. Ich bin wahrlich keine Fachfrau für Sprache, aber sogar ich habe fürchterliche grammatikalische Fehler entdeckt sowie eine Menge Ausdrücke, die man nicht einmal beim besten Willen verstehen kann. Warum starren Sie meine Stricknadeln an? Können Sie mir überhaupt folgen?«

Ich konnte ihr sehr gut folgen. Und ihre Stricknadeln starrte ich an, weil es eine meiner vielen Kompensationshandlungen war, kritische Situationen zu überstehen.

»Bei jedem weiteren Fehler fragte ich mich immer mehr«, fuhr Brigitte fort, »das soll ein künftiger Österreicher sein? Dieser Schlamperich? Nur eines ärgerte mich noch mehr als Ihre Schreibklaue. Die Tatsache, dass Sie ein Feigling sind.«

»Ich? Ein Feigling?«, staunte ich. Ich hielt mich für durchaus tapfer.

»Noch dazu ein Feigling mit großem F. Ich wollte wissen, was Sie über die Österreicher, möglicherweise Ihre künftige Nation, denken, und Sie tischen mir Zweitmeinungen auf. Von irgendwelchen komischen Ex-Studenten aus Krakau oder von verrückten alten

Weibern, die Ihre Nachbarinnen sind. Von Ihnen selbst ist nichts zu hören.«

Es juckte mich, Brigitte zu sagen, dass an ihr nicht nur eine Deutschlehrerin, sondern auch eine Literaturkritikerin verloren gegangen war, aber ich war kein Selbstmörder.

»Sie haben sich gerade da hinter Ihren fehlerhaften Worten versteckt, wo Sie alles auf den Tisch legen sollten. Das ist eine glatte Themenverfehlung.«

»Aber auch ein wenig wienerisch, finden Sie nicht?«, versuchte ich ihr den Wind aus den Segeln zu nehmen. »Die Wiener sagen ja auch nie direkt, was sie denken.«

»Sie sollen mich nicht unterbrechen«, schlug sie mit der Faust auf den Tisch. »Der einzige Grund, warum wir hier überhaupt noch sitzen und miteinander reden, ist ein einziger Satz in Ihrem Bericht. Und der lautet«, sie blätterte kurz, bis sie die gewünschte Stelle fand: »Wo bleibt die Menschlichkeit? Wo bleibt das universelle Verständnis? Ist das überhaupt von Ihnen?«

»Gewissermaßen.«

»Als ich das las, fragte ich mich: Warum soll ich Ihnen gegenüber nicht auch ein wenig Menschlichkeit walten lassen? Ja, sogar Ihnen eine zweite Chance geben? Schließlich ist nicht alles schlecht gewesen. Also hatte ich eine Idee.«

Sie blätterte ein paar Seiten weiter und legte ihren Finger auf eine Stelle.

»Hier beschreiben Sie drei Emigranten und ihre Schicksale. Davon hätte ich gerne mehr. Und Sie können ruhig mehr ins Detail gehen, wo sie genau wohnen, ihren Familiennamen dazuschreiben. Oder wie alt sie sind und so weiter. Das würde mir gefallen.«

»Korrigieren Sie mich. Aber das hört sich eher an, als sollte ich anfangen unter den Ausländern herumzuspionieren.«

»Denken Sie, was Sie wollen. Sie bekommen auch was dafür. Ein Dreijahresvisum. So etwas kriegt nicht jeder.«

»Und dann?«

»Und dann starten wir einen zweiten Anlauf. Wir machen schon einen Österreicher aus Ihnen. Machen Sie sich da keine Sorgen. Aber im Moment nutzen Sie uns mehr als Fremder. Verstehen Sie?«

»Ehrlich gesagt, nein«, staunte ich.

Brigitte verstummte. Sie focht sichtlich einen schweren inneren Kampf aus, ob sie mir etwas gestehen sollte oder nicht. Zum ersten Mal, seit wir uns kannten, war sie offenbar drauf und dran, etwas zu sagen, was nicht aus ihrem Beamtenherzen kam, sondern aus ihrem eigenen.

»Vor einiger Zeit las ich in diesem Kalender einen interessanten Spruch.« Sie zeigte auf einen Wandkalender, der hinter ihr hing.

»Ich habe ihn mir Wort für Wort gemerkt. Wollen Sie ihn hören?«

»Wenn es etwas Licht in die Sache bringt, unbedingt.«

»Der Fremde sieht Dinge, an denen der Einheimische gleichgültig vorübergeht«, zitierte sie. »Das hat mich nicht losgelassen, als ich Ihren Bericht las. Und dann wusste ich plötzlich, wofür man Sie einsetzen könnte.«

Sie machte eine merkwürdige Geste.

»Könnten Sie sich vorstellen, auch so jemand zu sein? Nicht für mich, versteht sich, sondern für den Staat Österreich?«

Diesmal verstummte ich. Ich hätte alles von Brigitte erwartet. Nur nicht einen Anfall von »universellem Verständnis und Menschlichkeit«. Und da man in solchen Sachen nicht zögern darf, weil man weiß, wie flüchtig sie sind, machte ich kurzen Prozess. Ich erhob mich von meinem Sessel und sagte feierlich: »Aber nur für drei Jahre. Bis das Visum ausläuft.«

»Dann verstehe ich das als eine Zusage?«, fragte Brigitte.

»Wenn ich Ihr Wort darauf habe, ja.«

»Das haben Sie.«

Auf einmal herrschte im Raum eine zufriedene Stille wie zwischen zwei Geschäftsleuten, die gerade das Geschäft ihres Lebens miteinander abgeschlossen hatten. Es fehlte nur noch, dass wir es mit einem Handschlag besiegelten.

Zufrieden schloss Brigitte meinen Bericht und legte ihn in die Schublade. An der Geste, mit der sie das tat, konnte man erahnen, dass sie ihn nicht mehr nur für ein Zeugnis meiner Feigheit hielt. Sondern für den Beginn einer Reihe von Berichten, die es dem Staat Österreich künftig ermöglichen würden, sich nicht nur mit eigenen Augen, sondern auch mit denen eines Fremdlings zu sehen.

Letzte Runde

Das menschliche Gehirn hat eine sonderbare Neigung. Speziell wenn es im Körper eines Fremdlings steckt. Irgendwann kommt der Tag, an dem es sichergehen will, dass es nichts Wichtiges verpasst oder vergessen hat. Schließlich sind die Ereignisse, an denen es teilgenommen hat, sein ganzes Kapital, und das will reichlich ausgeschlachtet werden.

Also fuhr ich eines lauen Abends in die Bahnhofskneipe, wo man mich gleich nach meiner Ankunft in Österreich mit einem »Geh bodn« begrüßt hatte. Es gab keinen besseren Ort, um die wichtigsten Ereignisse meiner Forschungsreise Revue passieren zu lassen und sich ein paar essenzielle Fragen zu stellen, wie zum Beispiel: Bin ich noch derselbe wie damals, als ich zum ersten Mal über die Schwelle dieses Lokals trat? Kann ich endlich einen Grünen Veltliner von einem anderen Wahrheitsserum unterscheiden? Und das Wichtigste: Was habe ich alles über ein Land erfahren, das aus dem Apfelstrudel ein philosophisches Prinzip gemacht hat?

Ich war froh, dass das Bier endlich kam. Schwierige Fragen beantworten sich leichter, wenn man ihnen den Wind aus den Segeln nimmt. Also nippte ich an meinem Bier wie an einem sündteuren Cognac und machte im Geiste eine Runde durch ein paar Örtlichkeiten, die nicht mehr aus meiner Forschungsreise wegzudenken waren. Als Erstes fuhr ich an der Wohnung vorbei, wo Marek mich seinerzeit mit einem

Glas Leitungswasser begrüßt hatte. Dann passierte ich die Kapuzinergruft, wo mir der Fremdenführer mit dem gut geölten Mundwerk die Leichen der Habsburger so schmackhaft gemacht hatte, dass ich später noch ein paar Bücher über sie las. Ein paar Straßen weiter kam schon die Stelle, wo das Trio aus Zakopane mir klargemacht hatte, dass ich für immer ein Musikbanause bleiben würde.

Froh, dass mein Gedächtnis so gut funktionierte, legte ich nach und segelte den Donaukanal entlang, wo Leute auf Schiffen, die am Ufer festgeschweißt waren, lachten und Weißwein tranken. Vorbei an der Urania, wo man das Beobachten der Sterne gegen das Vorführen von Filmen getauscht hatte. Bis mir schließlich Maestro Lems Satz einfiel, der mir bis jetzt keine Ruhe ließ. Nämlich, dass ich dazu verurteilt wäre, für immer ein Fremdling zu bleiben, ja, dass ich nie eine Heimat haben würde. Je länger ich darüber nachdachte, desto mehr dämmerte es mir, dass Maestro mit dem Fremdling recht hatte, aber in Sachen Heimat falschlag. Ich hatte durchaus eine Heimat. Und die bestand darin, in Bewegung zu bleiben. Nicht in dieser Bewegung, die Leute zwang, in fünf Flugzeuge hintereinander zu steigen, um am Ende der Welt einen Baum oder eine präkolumbianische Ruine zu fotografieren. Oder wegen der alle am Abend in ein Lokal liefen, um gemeinsam mit anderen nach etwas zu suchen, das sie nicht klar benennen konnten. Es war jene Bewegung, die mich von innen sprengte, wenn ich ruhig auf dem Sofa saß und für Außenstehende aussah, als würde ich gleich in Tiefschlaf fallen. Dieser

Antrieb, der mich heute zwang, eine Bahnhofskneipe zu besuchen, aus der man mich schon einmal hinausgeworfen hatte. Dieses Etwas, dank dem ich jetzt im Geiste über einer ganzen Stadt schwebte wie über einem großen Ölgemälde und mir dabei sagte: »Eines Tages werde ich hier vielleicht richtig wohnen, aber bis dahin habe ich Besseres zu tun.«

Ich nahm einen großen Schluck Bier und dachte an jene Leute, die mir halfen, diese Heimat zu entdecken. An Frau Milchpeter, die mir die Dummheit unserer Spezies ausführlicher als jeder Professor erklärt hatte, während sie mir mit der Taschenlampe ins Gesicht leuchtete. An Marek, der mit einem Grünen Veltliner meine slawische Melancholie geheilt und nach dem fünften Glas gesagt hatte: »Man kann nicht mit einer Nation auf ein Glas Wein gehen, sondern nur mit einem Kumpel.«

Und nicht zu vergessen Brigitte, die mich mit einem einzigen Amtsstempel von einem Ausländer zu einem Beobachter ihrer Landsleute befördert hatte.

Aber je länger ich nachdachte, desto klarer wurde mir, dass ich mich am meisten bei meinem Großvater bedanken musste. Hätte er mich nicht seinerzeit damit überrumpelt, nach Österreich zu fahren, wäre nichts davon passiert. Im Gegenteil: Ich würde jetzt stattdessen in Paris an Chopins Grab stehen und es abfotografieren oder in Deutschland gemeinsam mit meiner Tante fernsehen. Er wusste nun mal, wie man jemanden aus unserer Familie auf Trab bringt.

»Ein Land ist nur so viel wert, wie die Überraschungen, die es dir bereitet«, hatte er gesagt und, verschlagen wie er war, mir gleichzeitig befohlen, nach Zeitlupensymphonien und Marzipantragödien Ausschau zu halten. So etwas brauchte man einem Forscher nicht zweimal zu sagen. Und während meine Dankbarkeit auf ihren Höhepunkt zusteuerte, hob ich feierlich mein Bier und sagte zu meinem Großvater, der mich, obwohl er fast tausend Kilometer entfernt war, bestimmt hörte: »Ich bin dir was schuldig dafür, dass du mich in diesen länglichen Kaffeefleck gelockt hast. Er hat mir tatsächlich eine Menge Überraschungen bereitet und hört damit nicht auf. Aber in einem hast du dich geirrt. Es gibt hier keine Zeitlupensymphonien und Marzipantragödien. Jedenfalls keine, die man sehen oder riechen kann. Aber wenn man Glück hat, kommen sie eines Tages von selbst, und dann ist man von ihnen umgeben. Wie von einer Melodie, die niemand sonst hört, weil sie nur im eigenen Kopf spielt. So wie in diesem Moment in meinem. Und das, mein Guter, ist die größte Überraschung von allen, die man mir hier bereitet hat.«

Froh, dass ich alles so elegant ausgedrückt hatte, führte ich das Bierglas an den Mund und trank es in einem Zug aus. Dann gab ich dem Kellner das Zeichen, er solle mir noch eins bringen. Nicht nur, um die Verschlagenheit meines Großvaters zu feiern, sondern auch den Forscherdrang seines Enkels. Schließlich war ich hier noch lange nicht fertig. Weder in dieser Kneipe noch in diesem Land. Und das konnte man nicht einfach so stehen lassen.